GOLDMANN
ARKANA

Buch

Zen-Meditation hat nichts mit Weltflucht zu tun. Das zeigt der langjährige Meditationsmeister Ezra Bayda, und er fordert uns mit provokativer Direktheit auf, ehrlich gegenüber uns selbst zu sein und unsere eingefahrenen Muster zu sprengen.

Bayda zufolge leben wir wie der Protagonist des Films »Und täglich grüßt das Murmeltier«. Verstrickt in einem Wust von Glaubenssätzen über uns selbst und die Mitmenschen machen wir immer dieselben Erfahrungen, ohne die Wirklichkeit in ihrer ganzen Frische wahrzunehmen. Herausgefordert werden wir nur in Stresssituationen. Stress wegen unserer Finanzen, unserer Liebesbeziehungen oder unserer Arbeitskollegen konfrontiert uns mit einer tief sitzenden Lebensangst. Bayda zeigt, wie wir positiv mit Stresssituationen arbeiten können und die Furcht aufdecken, die unsere Lebendigkeit erstickt.

In hohem Maße greift Bayda auf eigene Erfahrungen zurück. Sein humoriger Stil macht es leicht, ihm in die Tiefen der inneren Widerstände zu folgen. Wachsende Vitalität und Lebensfreude belohnen alle, die Baydas Spuren folgen.

Autor

Ezra Bayda ist Zen-Meister und widmet sich seit über dreißig Jahren der Meditation. 1998 wurde er Mitglied der Ordinary Mind Zen School, nachdem er von Charlotte Joko Beck, der Gründerin und Lehrmeisterin der Schule, die formale Ermächtigung erhalten hatte, den Dharma zu lehren. Heute lebt und lehrt er am San Diego Zen Center in Kalifornien.

Von Ezra Bayda ist bei Goldmann bereits erschienen:

Zen sein – Zen leben (21647)

EZRA BAYDA

Zen-Leben

Und täglich grüßt das Murmeltier

Aus dem Englischen von
Margarethe Tesch

GOLDMANN
ARKANA

Die amerikanische Originalausgabe dieses Buches erschien 2003
unter dem Titel »At Home in the Muddy Water«
bei Shambhala Publications, Boston (MA), USA.

Umwelthinweis:
Alle bedruckten Materialien dieses Taschenbuches
sind chlorfrei und umweltschonend.

Vollständige Taschenbuchausgabe Januar 2005

Umschlaggestaltung: Design Team München
Auf dem Umschlag verwendetes Foto: Zefa/M.Batzek
Satz: Uhl + Massopust, Aalen
Druck: GGP Media GmbH, Pößneck
Verlagsnummer: 21694
WL · Herstellung: CZ
Made in Germany
ISBN 3-442-21694-X
www.goldmann-verlag.de

1. Auflage

Das Einzige, was ich erfahren und womit ich üben kann,
ist mein Leben genau jetzt. Mehr kann ich nicht tun.
Alles Übrige ist der Traum des Ego.

Charlotte Joko Beck

Inhalt

Teil III:
Beziehungen

Teil IV:
Der Weg in die Freiheit

Einleitung

Als meine Frau Elizabeth und ich in Paris waren, fiel uns in einer Metrostation ein riesiges Plakat ins Auge, auf dem die Worte *Soyez Zen* standen. Das heißt wörtlich übersetzt: »Seien Sie Zen.« Man könnte es allgemeiner interpretieren als »Leben Sie einfach« oder »Schmecken Sie die Süße des Augenblicks«. Obwohl es sich bei dem Plakat bloß um eine Futon-Werbung handelte, machte es mir deutlich, wie oft wir vergessen, dass das Üben mit dem *Leben* selbst zu tun hat, damit, uns *allem* zu öffnen, was das Leben uns bringt. Neigen wir nicht eher dazu, Spiritualität mit bestimmten Techniken wie dem Sitzen oder Gemütszuständen wie dem Ruhigsein oder In-der-eigenen-Mitte-Sein gleichzusetzen?

Unlängst hielt ich einen Vortrag vor jungen Erwachsenen, die überwiegend zwischen zwanzig und dreißig waren. Erstaunt stellte ich fest, mit welcher Leichtigkeit ihnen Sätze zur Übungspraxis über die Lippen kamen, wie etwa, dass es wichtig sei, das Leben sein zu lassen, wie es ist, oder dass man nicht versuchen solle, Dinge gerade zu biegen oder zu ändern. Die Ansichten, die sie äußerten, waren keineswegs falsch. Gleichwohl erstaunte mich, dass sie sie so unbekümmert aussprachen, als könnten sie sie wirklich leben. Doch für die Umsetzung des Übens ist mehr als ein rein intellektuelles Verständnis vonnöten. Jeder, der eine Zeit lang geübt hat, weiß, dass die größte Schranke vor dem Aufwachen darin besteht, dass uns nicht klar ist, wie tief wir schlafen. Es genügt nicht, Bücher zu lesen, Vorträge zu hören oder ein wenig zu meditieren, um zu begreifen, wie schwierig der Weg in Wirklichkeit ist.

Ehe wir nicht uns selbst erkennen, ist es uns unmöglich, »den Weg sehenden Auges zu beschreiten«, wie es heißt. Selbsterkenntnis erlaubt uns festzustellen, was uns daran hindert, uns dem *Zen-Sein* zu öffnen – einfach zu leben. Sie erlaubt uns zu sehen, auf welche Weise und bis zu welchem Grad wir mit unseren Gummistiefeln knietief im Schlamm stecken.

Bei unseren Zen-Retreats wird nach jeder Mahlzeit folgender Vers rezitiert:

Mögen wir sein wie der Lotus,
der im Schlamm zu Hause ist.
So verbeugen wir uns vor dem Leben, wie es ist.

Was ist damit gemeint, im Schlamm zu Hause zu sein? Was bedeutet es, sich vor dem Leben zu verbeugen, wie es ist? Was heißt es, einfach zu leben? Dieses Buch beschäftigt sich mit den Antworten auf diese Fragen. Es geht um die Klärung der Verwirrung im Alltag, darum, selbst im rasanten Trubel des Alltags Gleichmut zu kultivieren und unser tägliches Leiden in das authentische Dasein zu verwandeln, das wir uns alle wünschen. Das setzt voraus, dass wir uns selbst erkennen mitsamt all den Mechanismen, mit denen wir uns in der Angst verschanzen.

Das ist alles andere als leicht, aber es *ist* möglich. Meine Absicht beim Schreiben dieses Buches bestand darin, so praktisch und konkret wie möglich aufzuzeigen, wie man das authentische Dasein zur gelebten Wirklichkeit macht. Unter Verwendung von Themen wie Beziehungen, Vertrauen, Sexualität und Geld lege ich den Schwerpunkt auf Methoden, mit denen wir unmittelbar im Leben die Bereitwilligkeit entwickeln können, *Zen-Sein* zu praktizieren. Dazu müssen wir die endlosen Methoden aufdecken, mit denen wir dafür sorgen, dass wir im Schlamm unseres wirbelnden Geistes stecken bleiben; wir müssen unsere gewohnheitsmäßigen und schützenden Mechanismen und natürlich unsere Ängste anschauen.

Würden wir es nicht zutiefst bedauern, diese Chance abzulehnen und uns weiterhin in der Angst und unseren Schutzmechanismen zu verschanzen? Wir müssen diese Möglichkeit wahrnehmen, damit wir zu der grundlegenden Güte und Verbundenheit erwachen können, die den Wesenskern unseres Seins bilden.

TEIL I

Die Übungspraxis

1

Wonach wir alle suchen

Ein Zenschüler erschien zur Unterredung beim Meister. Sobald er sich gesetzt hatte, sprudelte er hervor: »Mit mir stimmt etwas ganz und gar nicht!« Der Meister schaute ihn an und fragte: »Was ist es denn?» Nachdem der Schüler einen Augenblick lang gezögert hatte, erwiderte er: »Ich glaube, dass ich ein Hund bin.« Daraufhin erkundigte sich der Meister: »Seit wann glauben Sie das?« Der Schüler erwiderte: »Seit meiner Welpenzeit.«

Was hat diese Geschichte mit spiritueller Praxis zu tun? Alles! Sie bringt das menschliche Grundproblem auf den Punkt. Wenn Sie das nächste Mal im Drama einer starken emotionalen Reaktion stecken und das Opfer von eingefahrenen Gedanken sind, die Sie zutiefst für wahr halten, fragen Sie sich, seit wann Sie sie für wahr halten. Nehmen Sie besonders jene Gedanken zur Kenntnis, denen Sie am meisten Glauben schenken: »Das Leben ist furchtbar schwer.« »Für mich wird nie jemand da sein.« »Ich bin wertlos.« »Es ist aussichtslos.« Seit wann glauben Sie das? Seit Ihrer Welpenzeit!

Diese tief sitzenden Überzeugungen sind an der Oberfläche unseres Geistes möglicherweise nicht sichtbar. Wir sind uns ihrer oft nicht einmal bewusst. Doch wir klammern uns an sie, weil sie sich bis in unsere Zellen – unser zelluläres Gedächtnis – eingenistet haben. Der Stempel, den sie unserem Leben aufdrücken, ist unübersehbar. Wir lassen uns auf endlose Abwehrstrategien ein, um den Schmerz zu vermeiden, diese Überzeugungen und Identifikationen unmittelbar zu erleben. Diese gewohnheitsmäßigen Bewältigungsstrategien sind unser Versuch, uns gegen das ängstliche Beben der Unsicherheit abzuschirmen und für ein Gefühl von Sicherheit, Geborgenheit und Vertrautheit zu sorgen. Dazu kann gehören, dass wir nach Leistung streben, ein Helfer werden, versuchen, unsere Welt zu kontrollieren, oder uns in eine sichere Umgebung zurückziehen. Aber geben uns diese Strategien je ein Gefühl authentischer Befriedigung? Nein. Allzu oft halten sie uns in der Unzufriedenheit gefangen, sodass wir nicht wissen, wohin wir uns noch wenden sollen. Ich nenne dieses Feststecken »das Ersatzleben«.

Wenn wir glücklich genug sind, danach zu streben, uns von unserem künstlichen oder Ersatzleben zu befreien, beginnen wir vielleicht, unsere grundlegendsten Annahmen infrage zu stellen, darunter auch unsere Art zu leben. Ein solches Infragestellen kann schmerzhaft sein, aber es ist die Voraussetzung für ein authentischeres Leben. Die eine Frage, mit der wir das Problem unmittelbar auf den Punkt bringen, lautet: »Worum geht es in meinem Leben wirklich?« Unsere Ehrlichkeit bei der Beantwortung der Frage wird darüber entscheiden, wie klar uns das menschliche Grunddilemma wird: dass wir vom Bewusstsein unseres eigenen wahren Wesens abgeschnitten sind.

Wie viele Stunden am Tag sind Sie beispielsweise achtsam oder sich einfach dessen bewusst, was das Leben Ihnen präsentiert, statt sich in Wachträumen zu verlieren oder darin, sich mit dem zu identifizieren, was Sie tun, beinahe so, als würde es Sie gar nicht geben? Verbringen Sie den größeren Teil Ihrer Zeit damit, sich blind von einer Form der Behaglichkeit zur nächsten, von einem Tagtraum oder einer Fantasie zur nächsten, von einem sicheren Ort zum nächsten zu bewegen, um das ängstliche Beben des Unbehagens oder der Unsicherheit zu vermeiden? Wie viel Energie verwenden Sie darauf, ein spezielles Selbstbild zu festigen oder anderen zu gefallen, damit Sie Anerkennung ernten, statt Ihre Energie darauf zu verwenden, ein authentisches Leben zu führen?

Ist Ihnen, noch konkreter gesprochen, klar, mit welchen Methoden Sie es vermeiden, sich wirklich auf Ihr Leben einzulassen? Ist Ihnen klar, welche Strategien Sie benutzen, um ein Gefühl von Sicherheit und Vertrautheit zu gewährleisten und die Ängste – vor Ablehnung, Verlust, Unsicherheit oder Versagen – zu umgehen, die unter der Oberfläche Ihrer Gedanken und Handlungen schlummern?

Wollen Sie beispielsweise ein Gefühl der Ordnung und Kontrolle aufrechterhalten, um der Angst vor dem Chaos aus dem Wege zu gehen, davor, dass die Dinge zusammenbrechen? Wollen Sie Akzeptanz und Anerkennung bekommen, um nicht die Angst vor Zurückweisung und Ablehnung zu spüren? Wie vermeiden Sie die Angst davor, ein Versager zu sein? Indem Sie versuchen, zu glänzen und Erfolg zu haben? Suchen Sie Geschäftigkeit in Abenteuern oder Vergnügungen, um die tiefen Löcher der Sehnsucht und Einsamkeit zu umgehen? Alle diese Strategien haben eines gemein: Sie halten uns in einem künstlichen Dasein oder Ersatzleben fest.

Niemand ist frei davon. Wir alle verfolgen bestimmte Strategien, um nicht die Ängste spüren zu müssen, die unser Leben stillschweigend regieren. Selbst wenn wir alles über diese Ängste wissen, wollen wir gewöhnlich nichts mit ihnen zu tun haben. Vielleicht klingt das pessimistisch und entmutigend, aber das muss es nicht sein. Nur wenn uns klar wird, in welchem Ausmaß wir schlafen – wie sehr wir von der Eitelkeit unserer Ziele, der Kleinheit unserer Anhaftungen und dem dringlichen Wunsch getrieben werden, unsere Ängste zu vermeiden –, können wir vom Schlaf, unserem Ersatzdasein, erwachen.

Wenn wir erkennen, dass wir schlafen, meinen wir vielleicht, es bedürfe übermenschlicher Anstrengungen unsererseits, um aufzuwachen. Wir halten vielleicht nach immer neuen Techniken oder Weisheiten Ausschau – aber weder das eine noch das andere wird uns die Lösung bescheren, die wir suchen, besonders wenn wir der Versuchung erliegen, uns bessern oder ändern zu wollen. Bei einem echten spirituellen Weg geht es niemals darum, uns zu bessern, weil an uns nichts falsch ist. Es geht darum, wach zu werden für das, was wir wirklich sind, für die unermessliche Größe unseres wahren Wesens, das selbst jene Teile von uns einschließt, die wir »böse« oder »schlecht« nennen.

Die Quintessenz des Übungswegs im Alltag besteht darin, Bewusstheit zu entwickeln. Dieser Prozess beinhaltet zwei grundlegende Aspekte. Der erste ist das Klären des mentalen Geschehens. Der zweite ist das *bewusste Wahrnehmen* – die physische Wirklichkeit des gegenwärtigen Augenblicks bewusst zu erfahren.

Die Übung, das mentale Geschehen zu klären, beinhaltet, dass wir unser Ersatzleben durchschauen. Das bedeutet, dass wir unseren tief verwurzelten Gedanken und grundlegendsten Selbstbildern oder Identitäten auf die Spur kommen. Es geht darum zu sehen, dass diese Überzeugungen und Identitäten sich so verfestigt haben – als wäre es *immer* so und nie anders gewesen –, dass wir sie als Wahrheit akzeptieren. Wir müssen auch begreifen, wie unsere Verhaltensstrategien, die immer aus zentralen Glaubenssätzen entstehen, welche auf Angst beruhen, so eingeschliffen sind, dass sie ebenfalls als das erscheinen, was wir wirklich sind.

Sobald wir diese Gedanken und Strategien deutlich sehen, müssen wir uns auch mit dem emotionalen Schmerz auseinander setzen, der sie ursprünglich entstehen ließ – dem Schmerz, der in unserem Zellgedächtnis verankert ist. Das geschieht durch *bewusstes Wahrnehmen.* Indem wir uns die physischen Empfindungen im gegenwärtigen Augenblick bewusst machen, kann die Verwandlung unseres Ersatzdaseins in ein authentischeres Leben beginnen. Paradoxerweise geschieht diese Wandlung nur, wenn wir aufhören, uns selbst ändern zu wollen. Tatsächlich ist der Versuch der Veränderung oft das Hauptproblem. Also lassen wir uns auf den Prozess des bewussten Wahrnehmens nicht ein, um etwas zu ändern, sondern um die Welt des Denkens zu verlassen und uns mit der Wirklichkeit dessen zu verbinden, was ist. Was geschieht eigentlich, wenn wir uns in diesen Prozess hineinbegeben?

Die bewusste Wahrnehmung verwandelt unser Leben, denn sie macht unsere scheinbar fest gefügten, zentralen

Glaubenssätze transparent. Wenn wir uns mit der physischen Wirklichkeit des Augenblicks verbinden, erkennen wir mithilfe des bewussten Wahrnehmens und Erfahrens, dass das vermeintlich substanzielle Selbst in Wirklichkeit aus einem Komplex von tief sitzenden Überzeugungen, gewohnheitsmäßigen Strategien, alten Erinnerungen und manchmal unangenehmen Empfindungen besteht. Es ist, als ob all unsere Gedanken, Urteile, Emotionen und Identitäten separate Haufen wären, die in einer festen Welt, die wir »Ich« nennen, zusammengefügt worden sind. Wenn wir den gegenwärtigen Augenblick ohne Vorstellungen betreten, können wir *bewusst erfahren,* dass dieses vermeintlich substanzielle Selbst nicht das ist, was es zu sein scheint. Sobald wir aufhören, uns mit dem engen »Ich«-Gefühl zu identifizieren, beginnen wir, uns mit dem größeren Raum des Bewusstseins selbst zu identifizieren.

Dann können wir das authentische Dasein erfahren, nach dem wir alle intuitiv suchen und ohne das wir nur Unzufriedenheit erleben. Dieses authentische Sein kann nicht benannt werden – es ist kein Objekt. Und dennoch ist es wirklicher als alles andere. Es ist das, was wir eigentlich sind. Es ist nichts, wonach wir suchen können, denn es ist bereits da. Es wird uns immer entgehen, wenn wir *versuchen*, es zu finden. Aber wenn wir den Übungsweg beschreiten und versuchen, bei dem zu bleiben, was das Leben uns bringt, kommt dieses wahre Sein zum Vorschein, und es wird sich allmählich, Stück für Stück, Jahr für Jahr, enthüllen.

Das Problem ist, dass wir oft nicht bereit sind, uns auf das einzulassen, was das Leben uns präsentiert. Wenn wir auf dem langen Weg des Erwachens tiefer in uns selbst graben und die falschen Anteile Schicht um Schicht aufdecken, wollen wir oft nicht die Mühe auf uns nehmen, zu üben. Manchmal kann dieses fehlende Bemühen Ausdruck eines schlichten Wunsches nach Bequemlichkeit sein. Bisweilen können wir einfach nicht tiefer gehen. Es gibt nur ein bestimmtes Ausmaß dessen, was wir aufnehmen können, bevor wir das Bedürfnis bekommen, uns abzuwenden. Daran ist nichts verkehrt. Es ist sogar vollkommen nachvollziehbar, wenn wir begreifen, dass wir auf dem Übungsweg nichts anderes tun, als die Vorstellung des Selbst zu demontieren. Diese Demontage, bei der das Selbst zunehmend an Substanz verliert, muss sich langsam vollziehen, damit eine wirkliche Wandlung stattfinden kann. Wenn wir zu viel in zu kurzer Zeit in uns aufnehmen, wie es Menschen zuweilen auf Drogentrips oder bei plötzlichen spirituellen Öffnungen widerfährt, wird es schwierig, die daraus folgenden Einsichten stabil in unser Sein zu integrieren. Das Verständnis, dass wir zu einer gegebenen Zeit nur bis zu einer bestimmten Tiefe in die Wahrheit vordringen können, hilft uns, nicht gleich der Versuchung einer negativen Selbstbeurteilung zu erliegen, wenn wir feststellen, wie wir uns dem Üben widersetzen.

Ein Freund und Zenschüler erzählte mir, dass er Ende der 60er Jahre einmal Suzuki Roshi aufsuchte. Er fühlte sich entmutigt, weil er nicht imstande war, konsequent zu üben. Er schien ständig zwischen Bemühen und Widerstand zu schwanken und hatte den Eindruck, dass er bei seinem Üben etwas grundlegend falsch machte. Suzuki Roshi erklärte ihm, dass diese Art Schwanken ein universelles Problem beim

Üben sei. Immer wieder unternehmen wir Anläufe und »versagen«. Dann lernen wir an irgendeinem Punkt, tiefer zu gehen.

Die spirituelle Praxis folgt nicht einem geradlinigen Weg zu einem festgelegten Ziel. Sie ist fast immer eine Mischung aus Abwehren und Annehmen, aus Verwirrung und Klarheit, aus Entmutigung und Motivation, aus Versagensgefühlen und einem tieferen Durchdringen der Dinge. Unsere tief gehegten Glaubenssätze zu durchschauen, das Gefühl eines substanziellen Selbst zu demontieren, uns mit unseren schlimmsten Ängsten zu konfrontieren, uns dem Unbekannten zu öffnen – wie könnten wir auch nur ansatzweise glauben, dass es sich dabei nicht um einen allmählichen und langwierigen Prozess mit vielen Höhen und Tiefen handelt? Dies zu verstehen heißt, dass wir die idealisierten Bilder, die wir davon entwerfen, wie wir sein *sollten,* durchschauen und Mitgefühl für uns selbst entwickeln, während wir den Weg des Erwachens gehen.

Sobald wir dieses Mitgefühl entwickelt haben, werden wir uns weniger als »verkehrt« beurteilen, wenn wir uns dem Üben widersetzen. Stattdessen wächst unsere Bereitwilligkeit, den Widerstand schlicht da sein zu lassen. Sich einfach auf die Höhen und Tiefen des Lebens einzulassen und weniger zu urteilen, ist ein wesentlicher Schritt hin zu einer reifen Übungspraxis.

Einer von Suzukis Dharma-Nachfolgern, Kwong Roshi, der 15 Jahre lang mein Lehrer in traditionellem Zen war, betonte oft, wie wichtig es sei, »zu lernen, auf eigenen Beinen zu stehen«. Dieser Rat erinnert mich an die letzten Worte Buddhas, der sagte, wir müssten lernen, »uns selbst ein Licht zu sein«. Vielleicht gibt es nichts Wichtigeres auf dem Übungsweg, als diesen Rat richtig zu verstehen. Doch er wird so leicht als Klischee betrachtet oder nur oberflächlich akzeptiert, ohne dass der Versuch unternommen wird, ihn in die Praxis umzusetzen.

Wir können nur verstehen, was es bedeutet, uns selbst ein Licht zu sein, wenn wir unsere eigene Lampe finden, und das bedeutet, dass wir uns auf den langen Prozess einlassen, immer tiefer in unser Sein einzutauchen. Es bedeutet, dass wir die in unserem Geist und Körper verankerten Konditionierungen Schicht um Schicht aufdecken und durchschauen. Erst wenn wir uns über das Ausmaß und die Macht unserer tief sitzenden Überzeugungen und Urteile im Klaren sind, können wir erfahren, was es bedeutet, auf eigenen Beinen zu stehen und uns selbst ein Licht zu sein. Nur wenn wir imstande sind, die schmerzhafte Demontage des substanziellen Selbstgefühls auszuhalten, können wir das Herz wecken, das geweckt werden will. Je mehr wir üben, desto tiefer wird unser Verständnis.

Auf jeder Stufe erhalten wir eine andere Antwort auf die Frage: »Worum geht es wirklich in meinem Leben?« Dennoch müssen wir diese Frage immer wieder stellen, damit wir nicht den Sinn und Zweck des Übens aus den Augen verlieren. Es spielt keine Rolle, dass sich die Antwort lange Zeit ständig ändert oder dass wir etwas für die Antwort halten, obwohl es zuweilen nur der Wunsch des Ego ist, ein Dasein ohne Probleme zu führen. Selbst wenn wir die meiste Zeit über nicht wissen, worum es in unserem Leben wirklich geht, werden wir dennoch von unserem Herzen vorwärts getrieben, das von Natur aus erwachen will. Zu wissen, dass wir nicht wissen, und dennoch weiter zu üben, ist die Weise, wie wir lernen, tiefer zu gehen.

Solange wir das wirkliche Leben nicht finden, das wir alle suchen, werden wir weiter unzufrieden sein. Diese Wirklichkeit kann nicht mit Worten definiert werden, dennoch ist sie authentischer als alles, worüber wir sprechen können. Das Einzige, was man sagen kann, ist, dass sie ist, *wer wir wirklich sind.* Und herauszufinden, wer wir wirklich sind, erfordert nicht, dass wir eine Antwort suchen; vielmehr werden wir dazu aufgerufen, immer mehr die Falschheit unseres Ersatzlebens aufzudecken, zu dem unsere Urteile, Identitäten und tief gehegten Glaubenssätze zählen. Der Zen-Meister Seng Ts'an sagte dies deutlich in seinem berühmten Satz: »Suche nicht nach der Wahrheit; höre nur auf, an Meinungen festzuhalten.« Indem wir an keinen Meinungen mehr festhalten – was auch bedeutet, nicht mehr an den zentralen Glaubenssätzen festzuhalten, die unsere Identität als substanzielles, separates Selbst definieren – lernen wir auch, was es heißt, uns selbst ein Licht zu sein.

Von entscheidender Bedeutung ist, dass wir nicht nach unserem wahren Wesen oder überhaupt einem besonderen Geisteszustand suchen müssen. Jeder Punkt, an dem wir uns aufhalten, *jeder Geisteszustand, in dem wir uns befinden,* eignet sich als Schwerpunkt der Aufmerksamkeit für unser Üben. Jeglicher Unfrieden, den wir spüren – Unbehagen, Besorgnis oder emotionale Verwirrung – ist der Weg selbst, die Chance, zu einem authentischeren Dasein zu erwachen.

Unsere Schwierigkeiten sind immer unsere besten Lehrmeister, aber nur wenn wir wissen, wie man aus ihnen lernt. Unseren Geist klar zu sehen und uns selbst im gegenwärtigen Augenblick bewusst wahrzunehmen, ist die Methode, wie wir die Tür zu einem authentischeren Leben aufstoßen. In jedem beliebigen Augenblick können Sie sich fragen, ob Ihnen klar ist, an welchen Meinungen Sie festhalten. Was geschieht mit Ihrem Körper, wenn Sie an diesen Meinungen festhalten? Was glauben Sie genau jetzt? Was nehmen Sie körperlich genau jetzt wahr? Wir müssen nichts weiter *tun*, als bewusst zu sein.

Das authentische Leben wurzelt in einer unerschütterlichen Sicherheit, die sich entwickelt, wenn wir begreifen, wer wir wirklich sind. Diese Sicherheit gründet nicht auf einem Selbstbild oder sozialen Gegebenheiten, sondern auf einem Gefühl der Stärke, Präsenz und Verbundenheit, das in einem zunehmenden Bewusstsein von der unermesslichen Größe unseres wahren Wesens verankert ist.

2

Meditation als Wandlungsprozess

Bei der Sitzmeditation, vor allem bei Retreats, begann ich gewöhnlich mit der Erwartung zu sitzen, dass mir die Meditation besondere Gefühle verschaffen sollte. Oft wollte ich einfach nur frei von Ängstlichkeit sein. Dementsprechend hatte ich jedoch selten eine klare Vorstellung davon, worum es beim Sitzen eigentlich geht. Selbst jetzt, wo ich keine besonderen Gefühle mehr dabei anstrebe, halte ich es immer noch für hilfreich, mir von Zeit zu Zeit genau vor Augen zu führen, was ich beim Sitzen eigentlich tue.

Insbesondere finde ich es nützlich, mir nochmals die grundsätzlichen Fragen ins Gedächtnis zu rufen: Worum geht es beim Sitzen wirklich? Warum ist es so wichtig zu sitzen? Warum betonen wir, dass es notwendig ist, täglich zu sitzen, und dass es ebenso notwendig ist, an längeren Meditationsretreats teilzunehmen? Offensichtlich sitzen wir nicht einfach nur, um uns wohl zu fühlen. Besonders bei Retreats fühlt sich das Sitzen manchmal gar nicht gut an. Wir sind müde, haben Schmerzen oder langweilen uns. Wir erinnern uns oft nicht einmal daran, warum wir da sind. Manchmal wollen wir nichts weiter als aufstehen und gehen. Warum sitzen wir also weiter? Was tun wir dabei? Ist uns klar, was beim Sitzen eigentlich geschieht und was es zu einem solch wertvollen Prozess macht?

Das Sitzen besteht aus mehreren ineinander greifenden Komponenten. Alle diese Komponenten sind wesentliche Aspekte der Meditation als Wandlungsprozess. Eine klare Vorstellung von dem Prozess zu haben, kann uns helfen, die Untiefen und Dürrezeiten zu überstehen, die unausweichlich auftreten werden. Es wird uns auch helfen, unser Üben wieder auszurichten, wenn wir vom Wege abkommen. Die Komponenten haben untereinander weder eine bestimmte Rangordnung, noch handelt es sich um Rezepte. In einem bestimmten Augenblick kann eine bestimmte Komponente auf unsere jeweilige Situation mehr zutreffen als eine andere.

Die erste Komponente ist die *Beharrlichkeit.* Beharrlichkeit macht es uns möglich, durch das Unbehagen hindurchzusitzen und selbst dann zu sitzen, wenn uns nicht danach ist, wenn wir uns langweilen oder müde sind. Sie ermöglicht uns, durch alle Täler, Untiefen und Schwierigkeiten hindurch dem Übungsweg treu zu bleiben. Beharrlichkeit ist nichts Geringes, denn manchmal kann unser Widerstand sehr stark sein. Ist es nicht eine Tatsache, dass wir oft nicht länger als ein paar Sekunden in der bewussten Wahrnehmung des gegenwärtigen Augenblicks verharren wollen? Das Entwickeln von Beharrlichkeit im Laufe der Jahre ist also vergleichbar damit, einen Muskel zu trainieren. Wir entwickeln die Stärke und Fähigkeit, ohne die das Üben sich niemals wirklich entfalten könnte. Letztlich lernen wir, dass uns das Üben nicht im gewöhnlichen Sinne gefallen muss, um damit fortzufahren.

Die zweite Komponente ist das *Zur-Ruhe-Kommen.* Stellen Sie sich ein Glas Wasser vor, in dem sich ein Bodensatz befindet. Wenn Sie das Wasser aufrühren, wird es trübe. Dieses trübe Wasser entspricht unserem Ersatzleben, einem Wirbel der Ängstlichkeit und Verwirrung. Wir laufen umher und versuchen, nicht klein beizugeben, aber wir haben wenig Klarheit darüber, was wir tun. Das Glas zu nehmen und hinzustellen ist vergleichbar damit, uns zum Meditieren hinzusetzen. Was geschieht? Die Trübung setzt sich allmählich unten im Glas ab, und das Wasser wird klar und still. Beim Sitzen lernen wir, wie es sich anfühlt, zur Ruhe zu kommen. Dieses Zur-Ruhe-Kommen vollzieht sich über die Jahre sowohl auf der psychologischen als auch auf der physischen Ebene. Es hat etwas Stärkendes, sich nicht zu bewegen, wenn ein Bewegungsimpuls aufkommt. Stattdessen bleiben wir einfach still sitzen, geben der Erregung keine Nahrung und rühren das Wasser nicht mehr auf. In diesem Rahmen könnten wir eine Konzentrationstechnik anwenden, indem wir unser Augenmerk beispielsweise auf unseren Atem richten, um uns zu helfen, zur Ruhe zu kommen. Zweifellos werden sich diese Ruhe und Klarheit nicht immer einstellen. Manchmal steigt beim Sitzen sogar noch mehr Schlamm aus unserer unterirdischen Innenwelt an die Oberfläche. Doch mit der Zeit begünstigt das Sitzen eine Haltung von Ruhe und Gleichmut inmitten des schlammigen Aufruhrs unseres Lebens.

Diese Haltung drückt der genannte Satz aus, der häufig in Zen-Tempeln rezitiert wird:

> Mögen wir sein wie der Lotus,
> der im Schlamm zu Hause ist.

Die dritte Komponente ist das *klare Sehen*. Damit ist der Prozess gemeint, alles zu beobachten, was wir tun – wie wir denken und reagieren, worin unsere Strategien bestehen, wie sie aus unseren zentralen Glaubenssätzen erwachsen – und wie sich das alles zu einem defensiven und scheinbar substanziellen »Ersatzleben« zusammenfügt.

Klares Sehen ist nicht damit identisch, unsere Psyche zu analysieren. Wir konzentrieren uns *nicht* auf die Vergangenheit oder versuchen nicht, die Gründe für unser Denken oder Handeln zu ermitteln. Das ist ein wichtiger Punkt. Wir versuchen, uns einfach so zu beobachten, wie wir sind. Wenn wir beginnen, unsere Überzeugungen und Strategien zu durchschauen, urteilen wir zwangsläufig über uns und erleben uns als fehlerhaft. Ein Bestandteil der Übung des klaren Sehens ist jedoch, die urteilende Tendenz unseres Geistes zu registrieren und zugleich zu beobachten, wie oft uns nicht bewusst ist, dass wir unsere Urteile als wahr akzeptieren.

Unsere grundlegenden Glaubenssätze klar zu sehen untergräbt allmählich unsere tief sitzende Konditionierung. Sie verschwindet nicht, aber sie beherrscht nicht länger unser Leben. Klares Sehen ist, als würden wir die getönten Gläser von den Augen nehmen. Die Wirklichkeit tritt schärfer und deutlicher hervor. Wir müssen uns nicht abmühen, um unser Verhalten zu ändern; das klare Sehen erweitert unsere Perspektive um neue Verhaltensmöglichkeiten. Die Veränderung folgt daraus als natürliche Konsequenz.

In diesem Zusammenhang spielt die Übung des *Gedankenbenennens* eine wichtige Rolle. Wenn wir unsere Gedanken nicht benennen, sobald wir sie registrieren, werden wir mit hoher Wahrscheinlichkeit fortfahren, sie für wahr zu halten. Das Benennen der Gedanken beinhaltet, dass wir jeden Gedanken, der uns durch den Kopf geht, stumm für uns wiederholen: »Ich habe die Vorstellung, dass das Leben nicht gerecht ist« oder: »Ich habe die Vorstellung, dass nichts je klappen wird.« Wir benennen die Gedanken beinahe so, als säße uns ein Papagei auf der Schulter. Auf diese Weise brechen wir unsere Identifikation mit ihnen und beseitigen unsere Investition in sie. Überdies sehen wir sehr präzise, was wir eigentlich glauben. Den jeweiligen Gedanken zu benennen erlaubt uns allmählich, unsere Gedanken *als* Gedanken zu betrachten. Wir benennen nicht jeden Gedanken; sonst würde unsere Meditation zu kopflastig werden. Aber *sobald* wir eine emotionale Spannung verspüren, benutzen wir diese als Signal dafür, dass irgendein Glaubenssatz am Werke ist, den wir nicht klar und deutlich sehen. Wenn wir beginnen, diese Glaubenssätze deutlich zu sehen und uns nicht länger mit ihnen als dem zu identifizieren, wofür wir uns halten, können wir aus dem engen mentalen Tunnel unseres Ersatzlebens heraustreten. Auf diese Weise wird das menschliche Grundproblem – die Erfindung und Fortsetzung eines »Ich«, das auf Angst und einer Schutzhaltung beruht – geklärt.

Als ich meine erste Meditationsgruppe anbot, trafen sich in meiner kleinen Wohnung regelmäßig etwa zwanzig Leute. So gering diese Teilnehmerzahl auch erscheinen mag, sie löste in mir Befürchtungen aus. Das Benennen meiner Vorstellungen erlaubte mir zu sehen, dass ich aus zwei verschiedenen Bildern heraus lebte. Das erste Bild war der zentrale negative Glaubenssatz: »Ich kann das nicht.« Das zweite Bild war eine Strategie, um mit diesem zentralen Glaubenssatz fertig zu werden: »Ich muss klug, ruhig und organisiert sein.« Diese neue und herausfordernde Situation machte sehr deutlich, dass ich mein ganzes Leben lang zwischen diesen beiden Bildern hin und her gependelt war und dasjenige, was gerade dominant war, für die einzige Wahrheit hielt. Beide Bilder stammten natürlich aus demselben ungeheilten Schmerz – unseren tief sitzenden Versagensängsten.

Das Durchschauen dieser Glaubenssätze half mir zu begreifen, dass ich nicht länger im üblichen Sinne gegen meine Ängstlichkeit ankämpfen musste, was immer beinhaltet, sie zu ändern oder auf irgendeine Weise loszuwerden. Indem ich sie klar *sah,* wurden mir meine konditionierten Überzeugungen zunehmend deutlich und vertraut. Dadurch dass ich sie sah und immer wieder benannte, konnte allmählich eine Unbeschwertheit an die Stelle der gewohnten Selbstbeurteilung treten. Und nach der Abschwächung der Glaubenssätze und Urteile blieb einfach nur die körperliche Erfahrung der Ängstlichkeit selbst übrig.

Das führt zur vierten Komponente der Sitzmeditation – *dem bewussten Wahrnehmen unseres emotionalen Unfriedens.* Obwohl dies einer der schwierigsten Aspekte des Übungswegs ist, ist er gleichzeitig der Weg zu beschleunigter Wandlung, auf dem die Energie unserer Emotionen durch ihre bewusste Wahrnehmung verwandelt wird. Als ich beispielsweise Angst hatte, meine ersten Schüler zu unterrichten, und meine konditionierten Überzeugungen deutlich sah, musste ich nichts weiter tun, als mich der Angst zu öffnen, in ihr zu verweilen und sie zuzulassen. Es war nicht notwendig, den Unfrieden zu beurteilen oder ihn wegzuschieben; ich brauchte lediglich *bewusst wahrzunehmen*, worin er bestand. Wir gestatten uns das nur selten. Meistens geben wir dem emotionalen Unfrieden Nahrung, indem wir unseren Gedanken Glauben schenken und daraus eine ganze Geschichte konstruieren, die wir dann immer wieder aufwärmen. Wenn wir erst einmal gelernt haben, die Gedanken zu benennen und das mentale Geschehen zu klären, können wir uns stattdessen auf die physische Beschaffenheit unserer Wahrnehmung konzentrieren.

Wenn Emotionen besonders intensiv sind, wie etwa bei Verletzungen, Trauer oder überwältigenden Schmerzen, ist es manchmal überaus schwierig zu üben, weil die Gefühle der Halt- und Hilflosigkeit so unangenehm sind. Aber genau das ist auch der Punkt, an dem wir die Möglichkeit haben, zum Kern des Übens vorzustoßen: Wir können allmählich die Panzer und Wälle durchbrechen, die wir alle errichtet haben, um uns sicherer zu fühlen. Durch das Errichten dieser Wälle – insbesondere durch das Festhalten an unseren Selbstbildern, Lebenslügen oder schützenden Identitäten – haben wir uns von unserem Herzen abgeschnitten. Und wenn ich vom Herzen spreche, meine ich nicht den Muskel oder irgendeine vage pseudospirituelle Vorstellung. Ich spreche über das Herz, das das innerste Wesen unseres Daseins bildet. In einigen Traditionen wird das Herz die Leere genannt, in anderen nennt man es Gott. Aber es spielt keine Rolle, welche Begriffe wir verwenden – dieses Herz ist das Herz, das nur Verbundenheit und Liebe kennt.

Bei der Arbeit mit intensiven Emotionen haben wir die

Chance, unseren schützenden Kokon zu durchbrechen und dadurch in die große Weite des Herzens einzutreten. Doch da es ungemein schwierig ist, diese Emotionen auszuhalten, vollzieht sich dieser Prozess am besten in der Offenheit und Stille der Meditation, ein Prozess, der immer das Bewusstsein der physischen Wahrnehmung des gegenwärtigen Augenblicks beinhaltet.

Ein besonders wertvolles Werkzeug ist die Frage oder das Koan: »Was *ist* das?« Diese Frage wird im Zen ein Koan genannt, weil man sie nicht mit dem Kopf beantworten kann. Das Üben mit dieser Frage holt uns aus der Analyse und dem Denken heraus und wirft uns zurück auf das unmittelbare Empfinden, das *Was* unserer Erfahrung. Wie bei allen Koans kann die Antwort auf die Frage niemals in Form einer begrifflichen Vorstellung gegeben werden. Sie liegt nicht darin, worum es bei der Emotion *geht* – sondern was sie *ist*. Tatsächlich ist unsere unmittelbare Erfahrung selbst die einzige Antwort. Die Frage: »Was *ist* das?« erinnert uns daran, unsere Aufmerksamkeit wie einen Laserstrahl auf den Ort zu richten, den wir selten betreten wollen – das Unbehagen unserer unmittelbaren Erfahrung. Unser Augenmerk auf die physische Wirklichkeit des Augenblicks zu lenken bedeutet unter anderem, uns auf konkrete Empfindungen im Körper zu konzentrieren. Herrscht da Spannung? Wo sitzt sie? Wie fühlt sie sich an? Wenn wir unsere Aufmerksamkeit auf diesen unerwünschten Ort richten und bei ihm bleiben, verliert unser emotionaler Unfrieden an Substanz.

An diesem Punkt ist es auch wichtig, mit Güte an unser Üben zu gehen. Das heißt, unsere hartherzigen Urteile über uns selbst aufzugeben. Wenn wir in dem Irrglauben meditieren, die Meditation solle uns gute Gefühle verschaffen, werden wir zweifellos in eine unfreundliche Selbstbeurteilung verfallen, da Schwierigkeiten vorprogrammiert sind. Aber wenn wir unserem Erleben mit der Neugier des »Was *ist* das«-Geistes begegnen, rufen wir die wesentliche Zutat der Bereitwilligkeit hervor. Ist es nicht die Bereitwilligkeit, uns auf *all das* einzulassen, was auftaucht, die in unser Üben das Element der Güte bringt? Mit der tief empfundenen Bereitwilligkeit des Gewahrseins beginnen wir, in einem Gefühl der großen Weite und Leichtigkeit zu ruhen. Wenn wir wirklich auf diese Weise *bewusst wahrnehmen*, ist es, als würden wir ein Paar zu enge Schuhe ausziehen. Das Gefühl der Beschränkung und Begrenzung löst sich auf. Auf diese Weise werden wir durch die Übung, den emotionalen Unfrieden bewusst wahrzunehmen, verwandelt.

Der letzte Aspekt besteht darin, unsere Aufmerksamkeit auf *genau diesen Augenblick* zu richten. Wir haben immer die Wahl, entweder ins Denken abzuschweifen oder einfach bei dem zu sein, was der Augenblick bringt. Dieser Punkt der Entscheidung ist die Grundlage des Sitzens, an dem wir registrieren, worin unsere jeweiligen Muster der Unaufmerksamkeit gegenüber dem gegenwärtigen Augenblick bestehen. Schweifen wir gewohnheitsmäßig ins Pläneschmieden, Fantasieren oder in die Selbstbeurteilung ab? Neigen wir dazu, uns damit zu beschäftigen, die Vergangenheit durchzukauen oder uns die Zukunft vorzustellen? Indem wir unsere Muster zur Kenntnis nehmen und in die Gegenwart zurückkehren, treffen wir Augenblick für Augenblick die Wahl, einfach hier zu sein. Auf diese Weise entwickeln wir eine Bewusstheit, die es erlaubt, dass Gedanken und Emotionen durch uns hindurchfließen, ohne dass wir uns in ihnen »verhaken«.

Eine Technik, die viele Menschen als hilfreich empfinden, um diesen weiteren und größeren Raum des Bewusstseins zu entwickeln, ist die so genannte Übung des *dualen Bewusstseins.* Dabei richten wir die Aufmerksamkeit gleichzeitig auf den Atemvorgang und die Wahrnehmung der Geräusche. Das geht über eine reine Konzentrationsübung hinaus, weil wir uns nicht ausschließlich auf diese beiden Komponenten beschränken. Etwa ein Drittel der Aufmerksamkeit behalten wir dem Atem und den Geräuschen vor. Die übrige Aufmerksamkeit bleibt für andere Empfindungen oder Sinneswahrnehmungen offen, die auftauchen.

Probieren Sie es jetzt aus: Richten Sie Ihre Aufmerksamkeit auf den Vorgang des Atmens. Spüren Sie die Kühle, wenn der Atem in Ihre Nasenlöcher eintritt, und das feine Gefühl in der Nase, wenn Sie ausatmen. Nehmen Sie wahr, wie sich Brust und Schultern anfühlen, wenn sie sich beim Ein- und Ausatmen heben und senken. Nehmen Sie das Gefühl der Ausdehnung und des Zusammenziehens im Bauch wahr, während der Atem ein- und austritt. Jetzt nehmen Sie all diese Sinnesempfindungen gleichzeitig wahr – beim Einatmen das kühle Gefühl in den Nasenlöchern, des Heben des Oberkörpers und die Ausdehnung des Bauches und beim Ausatmen das feine Gefühl in der Nase, das Senken des Oberkörpers und das Zusammenziehen des Bauches. Verharren Sie einige Atemzüge lang bei diesen physischen Empfindungen. Dann dehnen Sie Ihr Bewusstsein aus, um die bewusste Wahrnehmung von Geräuschen hinzuzunehmen. Beziehen Sie nicht nur die verschiedenen Umgebungsgeräusche mit ein, sondern auch die Geräusche zwischen den Geräuschen, die Geräusche der Stille. Während Sie bei dieser doppelten Wahrnehmung von Atem und Geräuschen verweilen, dehnen Sie Ihr Bewusstsein weiter aus, sodass die Atem- und Geräuschwahrnehmung nur etwa ein Drittel Ihrer Aufmerksamkeit in Anspruch nimmt. Lassen Sie andere Empfindungen und Sinneswahrnehmungen in Ihr Bewusstsein ein und registrieren Sie sie im größeren Raum des Atmens und Hörens.

Da sich ein Aspekt der Übung (der Atem) auf das »Innere« und der andere (die Geräusche) auf das »Äußere« bezieht, holt uns diese Übung aus unserer gewöhnlich kurzsichtigen Konzentration auf das »Ich« mit all den damit einhergehenden Urteilen und Meinungen heraus. Hier können wir den Gleichmut erleben, einfach zu sein. Gleichmut ist einfach die Bereitwilligkeit, sich auf das einzulassen, was unser Leben ist, ohne darüber zu urteilen und das Bedürfnis zu haben, dagegen anzukämpfen, um es zu ändern. Damit ist keine passive Resignation gemeint. Duales Bewusstsein ist sehr wach, sehr präsent; aber es ist eine Präsenz, die das Leben bewusst wahrnehmen kann, wie es ist, ohne das Bedürfnis, es zurechtzubiegen.

All diese Komponenten – die Beharrlichkeit, das Zur-Ruhe-kommen-Lassen von Körper und Geist in der Stille, das klare Sehen unserer Glaubenssätze, die bewusste Wahrnehmung unseres emotionalen Unfriedens, das Einfach-nur-im-Augenblick-Sein – sind Bestandteile des Wandlungsprozesses, der es uns erlaubt, uns auf unser Leben so einzulassen und es so wertzuschätzen, wie es ist. Wenn diese Fähigkeit zunimmt, können wir die tiefe Verbundenheit erleben, die das Wesen unseres Daseins ausmacht. Aus diesem Grunde üben wir: Wir wollen die Wahrheit dessen kennen lernen, wer wir wirklich sind. Doch reicht es nicht aus, allein den Wunsch zu haben, um diese Wahrheit und tiefe Verbundenheit erfahren zu können. Wir müssen mit dem grundlegenden Prozess des Sitzens arbeiten und ihn verstehen.

Wie kann uns das Wissen um diese Komponenten beim Sitzen helfen? Wenn wir uns darin geschult haben, die grundlegendste Übungsfrage zu stellen – »Was geht gerade vor?« – werden wir gewöhnlich feststellen, dass wir abgeschweift sind, uns in Fantasien oder ins Pläneschmieden verstrickt haben oder in irgendeiner Art emotionalem Unfrieden gefangen sind. Dann können wir die zweite grundlegende Übungsfrage stellen: »Worin besteht das Üben in dieser Situation?«

Wenn wir wissen, dass es fünf Dinge gibt, die wir tun können – beharrlich sein, zur Ruhe kommen, unsere Überzeugungen klären, die Gefühle bewusst wahrnehmen und einfach sein –, wird uns deutlicher, wie wir vorgehen müssen. Das ist kein präzises Rezept. Wir sitzen nicht da und analysieren, wie wir vorzugehen haben. Das notwendige Bemühen ist subtiler und steht der Kunst näher als der Wissenschaft. Gleichwohl erfordert die Kunst des Sitzens diese Art von Verständnis, die uns erkennen lässt, wie wir unsere Bemühungen lenken müssen. Wenn wir beispielsweise einen Tiefpunkt haben und uns unmotiviert oder ausgedörrt fühlen, bleiben wir einfach dabei und sind beharrlich. Wenn unsere Gedanken umherjagen und wir das vertraute Gefühl der Unruhe im Körper spüren, denken wir daran, dem Körper-Geist zu erlauben, zur Ruhe zu kommen. Wenn wir emotionalen Unfrieden erleben, schauen wir uns unsere nicht benannten Glaubenssätze an, sehen sie klar und deutlich, ohne uns selbst zu beurteilen, und verweilen anschließend in der physischen Wahrnehmung des Unbehagens. Und wenn wir einfach sitzen, kennen wir die subtile und sanfte Anstrengung, die notwendig ist, um im Augenblick zu bleiben.

Den Wandlungsprozess nur auf der intellektuellen Ebene zu kennen, ohne die Arbeit zu leisten, ist keine Hilfe. Die Arbeit hingegen ohne dieses Vorverständnis zu leisten, macht sie für uns viel schwieriger. Das Verständnis dessen, was wir tun, wird in der Zen-Praxis oft unterbetont. Doch für einen Geist, der es vorzieht, sich auf mehr als nur der Grundlage des Glaubens zu betätigen, ist es nicht nur nützlich, sondern unerlässlich, dieses Wissen um die Meditation als Wandlungsprozess zu besitzen.

3

Woran man das Üben messen kann

Am ersten Tag eines viertägigen Meditationsretreats ging ein Schüler zu dem Zen-Meister, der ihn seit vielen Jahren unterwies. Als er zu Füßen seines Lehrers saß, fragte er: »Können Sie mir sagen, wie es um meine Übungspraxis bestellt ist?« Der Zen-Meister dachte eine Minute lang nach, dann erwiderte er: »Öffnen Sie den Mund.« Der Schüler öffnete den Mund, der Lehrer warf einen Blick hinein und sagte: »Okay, jetzt beugen Sie den Kopf.« Der Schüler beugte den Kopf, der Zen-Meister untersuchte sein Haar und sagte: »Okay, jetzt öffnen Sie Ihre Augen, so weit Sie können.« Die Schüler sperrte seine Augen auf, der Zen-Meister tat einen Blick hinein und erklärte: »Alles in Ordnung.« Dann läutete er die Glocke.

Da der Lehrer die Glocke geläutet hatte, musste der Schüler gehen. Am nächsten Tag kam er wieder, ziemlich verwirrt über das, was tags zuvor geschehen war. »Ich wollte wissen, wie es um meine Übungspraxis steht, und Sie haben von mir verlangt, den Mund zu öffnen, den Kopf zu beugen und die Augen weit aufzumachen. Was hat das alles mit meinem Üben zu tun?« Der Zen-Meister senkte nachdenklich den Kopf. Schließlich erwiderte er: »Wissen Sie, um Ihre Übungspraxis ist es nicht sonderlich gut bestellt, und um die Wahrheit zu sagen, bin ich mir nicht sicher, ob Sie es jemals schaffen werden.« Dann läutete er wieder die Glocke.

Der Schüler ging hinaus. Man kann sich denken, wie verwirrt und wütend er war. Am nächsten Tag kam er wieder, immer noch empört, und sagte: »Wollen Sie tatsächlich behaupten, dass mein Üben erfolglos bleiben wird? Wissen Sie eigentlich, dass ich jeden Tag eine Stunde lang meditiere? Manchmal meditiere ich sogar zweimal am Tag. Ich nehme an jedem Retreat teil. Ich habe wirklich tiefe Erfahrungen gemacht. Was meinen Sie damit, dass ich es nicht schaffen werde?« Wieder saß der Meister einfach nur da und dachte offenbar nach. Schließlich erklärte er: »Vielleicht habe ich mich geirrt. Vielleicht kommen Sie doch ganz gut voran.« Und wieder läutete er die Glocke.

Es folgte noch ein weiterer Tag im Retreat. Zutiefst erschöpft ging der Schüler noch einmal zu seinem Lehrer. Er war aufgewühlt und verwirrt, aber er kämpfte nicht mehr dagegen an. Er sagte zum Meister: »Ich wollte einfach nur wissen, wie es um meine Übungspraxis steht.« Diesmal schaute ihn der Lehrer an und antwortete, ohne zu zögern und voller Güte: »Wenn Sie wirklich wissen wollen, wie viel Fortschritte Sie gemacht haben, dann schauen Sie sich all Ihre Reaktionen in den vergangenen Tagen an. Schauen Sie sich einfach Ihr Leben an.«

Es ist wichtig, täglich zu meditieren, die zunehmende Fähigkeit zu entwickeln, Gedanken deutlich zu sehen und bei unserer körperlichen Wahrnehmung zu verweilen. Aber tiefe Erfahrungen während der Meditation sind nicht genug. Wenn wir wissen wollen, wie gut unser Üben ist, müssen wir uns unser Leben anschauen. Solange wir nicht beginnen, die Übungspraxis mit unserem übrigen Leben in Verbindung zu bringen, wird sie uns – wie gut, ruhig oder angenehm sie auch sein mag – letztlich keine Befriedigung schenken.

Sie wird uns nicht zufrieden stellen, weil wir einen der drei Grundpfeiler des Übens außer Acht gelassen haben. Der erste Pfeiler ist das tägliche Sitzen, mit dessen Hilfe wir allmählich die Kraft und Bereitwilligkeit entwickeln, das zu tun, was wir unser Leben lang vermeiden wollten: uns der physischen Wirklichkeit des gegenwärtigen Augenblicks zu stellen. Der zweite Pfeiler ist das intensivere Training, das in Retreats angeboten wird und das uns einen Stoß versetzt, den wir uns zu Hause niemals geben könnten. Es gibt keinen Ersatz für das Lernen, das in Retreats auf uns wartet, denn dort zerbröckeln unsere Illusionen, und der wirkliche Wert der Beharrlichkeit tritt deutlich zutage. Der dritte Pfeiler besteht darin, mit den chaotischen, unromantischen und gewöhnlichen Höhen und Tiefen unseres Alltags zu üben. Dieser Pfeiler ist von wesentlicher Bedeutung, wenn wir einen authentischen Übungsweg gehen wollen. Ohne ihn werden wir niemals wirkliche Zufriedenheit finden.

Doch um die Verbindung zwischen dem Übungsweg und unserem übrigen Leben zu verstehen, müssen wir uns mit etlichen Fragen auseinander setzen. Wie üben Sie beispielsweise in Ihren Beziehungen – mit Ihrem Ehepartner, Ihren Kindern, Eltern und Arbeitskollegen? An wie viel Groll halten Sie immer noch fest? Lösen dieselben Menschen wie eh und je Angst, Verachtung oder andere tief sitzende Urteile in Ihnen aus? In welchem Maße können Sie sagen: »Es tut mir Leid« und es auch wirklich meinen?

Wie üben Sie an Ihrem Arbeitsplatz? Wie viele von Ihren spezifischen beruflichen Anforderungen meinen Sie erfüllen zu *müssen*? Können Sie ja dazu sagen, mit einem auftretenden Problem zu üben, selbst wenn Ihnen das, was geschieht, gegen den Strich geht? Sind Sie, wenn Sie kritisiert werden, bereit, mit den in Ihnen auftauchenden Reaktionen zu arbeiten, statt sie zu rechtfertigen?

Werden Sie Ihrer tiefsten Glaubenssätze gewahr und wie diese mithilfe Ihrer Verhaltensstrategien das ganze Spiel beherrschen? Hat das Gefühl von Drama oder Dringlichkeit um Ihre emotionalen Konflikte herum in irgendeiner Weise nachgelassen? Sind Sie bereitwilliger, sich Ihrem Grundschmerz zu öffnen, Ihren Panzer und Ihre Schutzmechanismen aufzuweichen? Empfinden Sie – zumindest gelegentlich – Dankbarkeit, Zufriedenheit, Humor oder eine stille Freude?

Die Antworten auf Fragen wie diese bilden die Messlatte für unsere Übungspraxis. Diese Messlatte ist nichts Magisches oder Geheimnisvolles, sondern einfach nur unsere wachsende Fähigkeit zu begreifen, was unser Leben ist, und zu erkennen, dass mit unserem Leben üben mit *allem* üben heißt, was uns begegnet. Üben bedeutet nicht einfach nur, auf einem Kissen zu sitzen und zu versuchen, zur Ruhe zu kommen.

Es ist gar nicht so ungewöhnlich, dass Schüler von ihrem Lehrer wissen wollen, wie es um ihre Praxis steht. Wenn uns nicht bewusst ist, wonach wir da eigentlich fragen, ist die Frage selbst bereits ein kleiner Hinweis darauf, wo wir stehen. Wenn wir das Bedürfnis haben zu fragen: »Wie sieht es mit meiner Übungspraxis aus?« ist es, als würden wir fragen:

»Bin ich in Ordnung?« oder »Bin ich so, wie ich bin, akzeptabel?«

Eine Freundin erzählte mir unlängst, dass sie bei der Bewertung ihrer Übungspraxis drei Dinge über sich begriff: Sie war abhängig von ihrem Denken, sie haftete an ihren Emotionen, und sie wollte nicht länger als ein paar Sekunden ohne Unterbrechung im gegenwärtigen Augenblick bleiben. Das könnte nach den vertrauten schlechten Nachrichten klingen, aber ist es wirklich so problematisch? Zumindest haben wir ein Bewusstsein dafür, wo wir feststecken. Das Unglück ist, dass wir unseren Urteilen und entmutigenden Gedanken über das, was wir sehen, *glauben*: »Ich bin eine schlechte Zen-Schülerin«, »Ich werde mich nie wirklich ändern« und so fort.

Wir alle wollen uns ändern und unser Leben verbessern. Aber die meisten heilsamen Veränderungen vollziehen sich langsam und beinahe unmerklich. Dennoch gehen wir weiter davon aus, dass unser Leben nach ein paar Jahren des Übens signifikant anders aussehen sollte. Doch es ist nicht so, dass wir voller Ängste zu einem Lehrer gehen und ihn angstfrei wieder verlassen! Ebenso wenig können wir völlig verwirrt an einem Retreat teilnehmen, eine tiefe Erfahrung machen und von da an ständig klar bleiben! Wir würden gern dramatische Veränderungen erleben, aber so funktioniert es nicht. Manchmal fällt uns nicht einmal auf, wie das Üben unsere gewohnten Schutzstrategien abträgt, bis wir uns eines Tages in einer Situation wiederfinden, die uns immer besorgt, ärgerlich oder nervös gemacht hat, und feststellen, dass die Besorgnis, der Ärger oder die Nervosität verschwunden sind.

Statt: »Wie steht es um meine Übungspraxis?« lauten die

wirklichen Fragen: »Wo kapsele ich mich immer noch aus Angst und zum Selbstschutz ab?« und »Wo erreiche ich meine Grenzen, über die ich nicht bereit bin, hinauszugehen?« Beim Üben kommt es darauf an, diese Bereiche zu registrieren und bewusst wahrzunehmen, nicht mit Schwere oder Schuldgefühlen, sondern lediglich als Stoff, den wir bearbeiten müssen – um dann zu sehen, wie wir kleine Schritte über sie hinaus tun können.

Sind wir beispielsweise imstande, klar und deutlich zu sehen, auf welche Weise wir üben müssen, wenn wir vor einer schwierigen Entscheidung stehen und völlig verwirrt sind? Oft bitten Schüler um Hilfe, wenn sie sich entscheiden müssen, ob sie eine Beziehung aufrechterhalten oder eine berufliche Veränderung vornehmen sollten. Sie sind häufig in der gedanklichen Zwickmühle gefangen, das Pro und Kontra jeder Position abzuwägen, und drehen sich ohne Hoffnung auf eine Lösung im Kreis. Aber aus Verwirrung entsteht bloß weitere Verwirrung. Die wirkliche Quelle der Verwirrung in einer solchen Situation liegt darin, dass wir nicht wissen, wer wir sind. Wie der französische Philosoph Pascal sagte: »Das Herz hat Gründe, die der Verstand nicht kennt.«

Um mit schwierigen Entscheidungen zu üben, müssen wir die Welt der Gedanken verlassen und in das bewusste Wahrnehmen selbst eintreten. Das bedeutet, dass wir die körperliche Wahrnehmung der Ängstlichkeit und Verwirrung aushalten, statt in unser Denken abzuschweifen. Wie fühlt es sich an, wenn wir verwirrt sind? Wie ist die Erfahrung beschaffen? Bei der körperlichen Wirklichkeit des gegenwärtigen Augenblicks zu bleiben, gibt uns die Möglichkeit, unser Leben mit einer Klarheit zu sehen, die wir allein durch Denken niemals erreichen könnten. Wie viel Zeit wird das in Anspruch nehmen? Das lässt sich nicht sagen. Aber so zu üben ist ein gutes Beispiel dafür, wie wir an unsere Grenzen herangehen und direkt mit den Punkten arbeiten können, an denen wir feststecken.

Ein weiteres Beispiel dafür, an unseren Grenzen zu üben, ist die Arbeit mit der Sucht. Wir alle haben Süchte – Verhaltensweisen, in die wir immer wieder zurückfallen, weil sie einen Lustgewinn versprechen, obwohl sie letztendlich nur Unzufriedenheit nach sich ziehen. Wonach sind Sie süchtig – nach Essen, Sex, Anerkennung oder Arbeit? Ganz gleich, welche Form unser Suchtverhalten annimmt – wenn wir uns an der Grenze befinden, wo es uns einfach nicht gelingt, von einem Verhalten abzulassen, kann unser Üben darin bestehen, dass wir einen kleinen Aspekt des betreffenden Verhaltens nicht fortsetzen. Es geht nicht darum, die Sucht vollständig auszumerzen, sondern die Energie hinter dem Verhalten *bewusst wahrzunehmen* – den scheinbar unstillbaren Durst, aus dem das Suchtverhalten entsteht.

Wenn Sie beispielsweise süchtig nach Essen sind, um sich zu trösten, könnten Sie üben, eine Woche lang am Abend nicht zu naschen. Das Ziel besteht nicht darin, nie mehr im Leben zwischendurch zu essen oder ein Asket zu werden. Vielmehr geht es darum, dass Sie sich nur eine Woche lang die Chance geben, mit dem Loch des Unbehagens zu üben, aus dem Ihre Gier entspringt. Die Übung besteht darin zu verzichten, um an die Grenze des Verlangens zu kommen und damit arbeiten können.

Ein weiteres Beispiel ist der Umgang mit Ängsten. Was machen Sie, wenn Ihre Ängste auftauchen? Pendeln Sie gewöhnlich zwischen dem Versuch, sie auszumerzen, und dem Versuch, Angst auslösende Situationen zu vermeiden? So verfahren die meisten Menschen. Aber wenn wir an unsere Grenzen gelangen – und was sonst ist Angst, wenn nicht der deutlichste Indikator dafür, dass wir an einer Grenze angekommen sind –, können wir den kleinen Übungsschritt machen, zu beschließen, entgegen unseren gewohnten Reaktionen zu handeln. Das geschieht *nicht* in der Absicht, unser Verhalten zu ändern, indem wir die Angst gewaltsam auslöschen. Vielmehr nehmen wir den Augenblick, um so umfassend wie möglich zu beobachten und bewusst wahrzunehmen, was unsere Angst wirklich ist. Wenn bei Ihnen das nächste Mal Angst auftaucht, achten Sie darauf, ob Sie die Angstenergie wirklich im Körper spüren können, ohne dass Sie etwas unternehmen, um sie zu verändern oder loszuwerden.

Die Übungspraxis beinhaltet immer, unsere Grenzen zu erkennen und einen kleinen Schritt über sie hinaus ins Unbekannte zu wagen. Ein bekanntes Sprichwort lautet: »Wer nicht wagt, der nicht gewinnt.« Nietzsche sagte dasselbe in seiner *Fröhlichen Wissenschaft*: »Das Geheimnis, um die größte Fruchtbarkeit und den größten Genuss vom Dasein einzuernten, heißt: *gefährlich leben!*« Er meinte damit nicht unbedingt, etwas körperlich Gefährliches zu wagen, sondern einen Schritt über die Bequemlichkeitsgrenze hinaus zu tun.

Diese Grenze ist für jeden Menschen eine andere, denn was dem einen leicht erscheint, stellt für den anderen die größte Angst dar. Zu sehen, dass andere dort feststecken, wo wir keine Probleme haben, und umgekehrt, lässt die Schwierigkeiten ein wenig kleiner erscheinen. Mit unseren Grenzen zu arbeiten hilft uns überdies, mehr Mitgefühl für uns selbst zu entwickeln, denn wenn wir üben, über die Grenzen hinauszugehen, sind wir nicht mehr so rasch damit bei der Hand, uns im Falle eines Fehlschlags als hoffnungslose Versager zu beurteilen.

Dennoch müssen wir uns unseren Grenzen selbst annähern. Statt sie als etwas Feindliches zu betrachten, als einen Bereich, den wir lieber vermeiden möchten, können wir begreifen, dass unsere Grenzen in Wirklichkeit *unser Weg* sind. Von dort aus sind wir imstande, einen weiteren Schritt auf das hin zu tun, was *ist*. Aber wir können nur einen Schritt nach dem anderen tun und durch alle Höhen und Tiefen unseres Lebens hindurch beharrlich bleiben. Wir empfinden vielleicht Gefahr; manchmal haben wir vielleicht sogar Todesangst. Aber wir müssen nicht alles auf eine Karte setzen und mit dem Kopf voran ins Wasser springen. Wir können einfach einen kleinen Schritt tun, unterstützt von der Erkenntnis, dass jeder Angst hat, der sich über die Illusion der Behaglichkeit hinauswagt.

Woran sich unser Üben wirklich messen lässt, ist, ob wir imstande sind, nach und nach an unsere Grenzen vorzustoßen – die Bereiche, wo wir uns ängstlich abkapseln –, und uns darauf einlassen können, sie bewusst wahrzunehmen. Das erfordert Mut, aber Mut hat nichts damit zu tun, angstfrei zu werden. Mut ist die Bereitwilligkeit, unsere Ängste bewusst wahrzunehmen. Mit der bewussten Wahrnehmung wächst auch unser Mut. Unsere Grenzen zu erkennen und zu versuchen, uns ihnen zu stellen, erlaubt uns auch, Mitgefühl zu entwickeln – nicht nur für uns selbst, sondern für das ganze menschliche Drama. Mit einem Gefühl wachsender Unbeschwertheit und Neugier können wir dann fortfahren, uns auf ein offeneres und authentischeres Leben hinzubewegen.

4

Kartoffelsalat

Alles, was wir beobachten, steht auf irgendeine Art mit etwas anderem in Beziehung, das seinerseits wieder mit etwas Drittem verbunden ist. Jede Komponente unseres Lebens ist also Teil eines Systems, und dieses System ist wieder Teil eines weiteren Systems. Keine Theorie der Welt kann je die Komplexität dieser gegenseitigen Wechselbeziehungen wirklich erklären oder auch nur abbilden, noch kann sie die subjektive Brille des Menschen, der die Erklärung liefert, berücksichtigen. Doch wir versuchen ständig, unsere Welt durch Einordnen, Vereinfachen und Verallgemeinern zu begreifen.

Darüber hinaus glauben wir, dass wir diese Welt nur mithilfe unserer Wahrnehmungen erfahren können. Aber als gefilterte Bilder einer vermeintlichen Wirklichkeit sind unsere Wahrnehmungen niemals akkurat. Wir meinen, die Wirklichkeit zu erblicken und bisweilen sogar, sie zu kennen, doch wir sehen nichts weiter als die Seifenblase unserer eigenen Wahrnehmung, die durch die mentalen Konstrukte von Zeit, Raum und Kausalität ebenso gefiltert ist wie durch unsere Assoziationen und Wünsche, unsere Sprache und Konditionierung. Wir sehen die Dinge nicht, wie *sie* sind, wir sehen sie, wie *wir* sind.

Wenn das, was wir von Tag zu Tag wahrnehmen, nicht unseren Vorstellungen davon entspricht, wie die Dinge sein sollten, erleben wir emotionalen und physischen Unfrieden. Läuft unser Erleben konträr zu unseren Wünschen – und wir wünschen uns fast immer, frei von Unbehagen und Schmerz zu sein –, ist Leiden die Folge.

Angenommen, ich erwarte von meinem Partner, dass er mich beschützt. Was geschieht, wenn das nicht der Fall ist? Was, wenn er mich nicht nur nicht beschützt, sondern mich überdies auch noch kritisiert? Höchstwahrscheinlich werde ich irgendeine Form von Unzufriedenheit erleben – eine emotionale und körperliche Reaktion, die sich nicht gut anfühlt. Solche Reaktionen sind oft die Folge von unerfüllten Erwartungen, die auf verschwommenen Wahrnehmungen und allzu simplen Vorstellungen von anderen, uns selbst und menschlichen Beziehungen beruhen.

Auch wenn wir wissen, dass wir in einer Welt komplexer Zusammenhänge und Wechselbeziehungen leben, neigen wir dazu, uns in einer bestimmten Situation auf ein einziges Element zu konzentrieren: Warum passiert mir das? Wem kann ich die Schuld dafür geben? Wie kann ich es aus der Welt schaffen? Mit subtiler Arroganz reduzieren wir das Gewebe miteinander verflochtener Zusammenhänge auf die vereinfachte Version einer Antwort, die nie wirklich gesichert ist. Genauso willkürlich könnten wir unsere Unzufriedenheit dem Kartoffelsalat anlasten, den wir mittags gegessen haben.

Wenn unser Leben nicht wunschgemäß verläuft, besteht die Übungspraxis weder darin, nach Erklärungen zu suchen, noch darin, Schuld zuzuweisen. Wir können üben, indem wir einfach auf so vielen Ebenen wie möglich beim »Was« bleiben, statt nach dem »Warum« zu fragen. Wieder arbeiten wir mit dem Koan: »Was *ist* das?« Die Antwort auf diese Frage ist immer unsere Erfahrung selbst – in ihr zu bleiben, präsent für sie zu sein, sie zuzulassen. Dieses »Was« *ist* der gegenwärtige Augenblick. Und hier liegt das wirkliche Verständnis: nicht in der mentalen Welt des »Warum«, nicht in der intellektuellen Beschreibung, sondern in der bewussten Wahrnehmung der Mehrdeutigkeit und Komplexität des gegenwärtigen Augenblicks.

Probieren Sie es gleich aus: Setzen Sie sich aufrecht, aber entspannt hin. Versuchen Sie zu sitzen, ohne sich zu bewegen. Atmen Sie mehrmals tief ein, um Ihre Aufmerksamkeit auf den Körper zu richten. Registrieren Sie vor allem jede Empfindung im Bereich der Brust und des Bauches. Fragen Sie sich: »Was *ist* dieser Augenblick?« Versuchen Sie nicht zu antworten, indem Sie über ihn nachdenken, sondern fühlen Sie einfach die bestehende Energie und Schwingung. Ist Unbehagen da, versuchen Sie nicht, es zu vermeiden oder zu ändern. Spüren Sie stattdessen die Beschaffenheit der Wahrnehmung. Wenn Sie gedanklich abschweifen, und das wird geschehen, wenden Sie sich einfach wieder Ihrem Körper zu und fragen Sie wieder: »Was *ist* dieser Augenblick?« Gehen Sie tiefer, fühlen Sie wirklich die Energie und Beschaffenheit des Augenblicks. Bleiben Sie bei der Erfahrung im Körper, fühlen Sie sie. Bleiben Sie dort. Atmen Sie. Hören Sie die Geräusche. Spüren Sie die Luft um sich herum. Sitzen Sie einfach da, und spüren Sie Ihre eigene Gegenwart. Und bleiben Sie dabei.

Diese Übung war sehr kurz, aber vielleicht haben Sie eine

Ahnung davon bekommen, dass es keine Worte gibt, die je die Qualität oder Beschaffenheit der unmittelbaren Erfahrung des gegenwärtigen Augenblicks einfangen könnten. Im gegenwärtigen Augenblick steckt Lebendigkeit und ein Gefühl der Freiheit, wenn wir unsere Erfahrung einfach bereitwillig zulassen können. Dadurch dass wir im gegenwärtigen Augenblick bleiben, der das Tor zur Wirklichkeit bildet, können wir schließlich zu einer Zufriedenheit und Gelassenheit gelangen, zu denen wir keinen Zugang in einem Leben finden, das hauptsächlich auf Denken oder auf dem ständigen Bemühen gründet, unsere Welt in Ordnung zu bringen und zu kontrollieren.

Gutei war ein Zen-Meister, der im 9. Jahrhundert lebte. Wenn Schüler zu ihm kamen, reagierte er immer gleich, ungeachtet dessen, worin ihre Frage oder ihr Problem bestand. Er hob einfach bloß wortlos seinen Zeigefinger in die Höhe. Damit war die Unterredung beendet.

Können Sie sich vorstellen, immer wieder zu einem Lehrer zu gehen, ihm Ihre gut durchdachte Frage oder Ihr Problem vorzulegen und als Antwort nur Schweigen zu ernten? Gutei spiegelte den Schülern einfach ihr eigenes Erleben wider. Die Schüler waren gezwungen, die Frustration zu erleben, keine Antwort, keine intellektuelle Klarheit, psychologische Einsicht oder Antwort auf das »Warum« zu erhalten. Stattdessen mussten sie zu dem »Was« ihres Erlebens zurückkehren.

Wenn wir uns darin üben, dieses »Was« immer ungefilterter wahrzunehmen, lösen sich unsere selbst gezogenen Grenzen auf, und die Seifenblase der Wahrnehmung unseres getrennten Selbst kann platzen, und sei es nur vorübergehend. Das ist nicht identisch damit, ein »Erleuchtungserlebnis« anzustreben, durch das wir hoffen, einen dauerhaften Zustand der Klarheit und Ruhe zu erlangen. Das ist ein falsches Vorhaben. Keine einzige Erfahrung macht uns dauerhaft klar und friedlich. Tatsächlich wird das Anstreben dieses Fantasiezustands durch genau die Gier und den Ehrgeiz angestachelt, die wir aufzulösen versuchen. Ich spreche vielmehr von dem langsamen, bewussten, schichtweisen Abbau unserer Illusionen darüber, wer wir sind und was unser Leben ist. *Bewusstes Wahrnehmen* und nicht das Anstreben besonderer Erlebnisse ist das Verfahren, in dem wirkliche Freiheit liegt. So lernen wir, dass unsere normale Betrachtungsweise der Welt nichts als eine Beschreibung ist, und nur eine unter vielen.

Nietzsche sagte, dass jedes Wort eine vorgefasste Meinung enthält. Nehmen Sie den Begriff *Ego*. Die Verwendung dieses Wortes hat zur Folge, dass wir das Ego als unabhängiges Ding betrachten. Aber das »Ego« ist nur ein Konzept, das eine Ansammlung vorgefasster Meinungen beschreibt, und definitiv keine feste Größe. Das ist ein Beispiel dafür, wie Ideen uns begrenzen und zu Gefangenen machen können. Dieses individuelle »Selbst« ist nur eine Idee, nichts weiter. Worte und Ideen zu durchschauen heißt, uns der Erkenntnis zu nähern, wer wir wirklich sind, und zu verstehen, worum es im Leben eigentlich geht.

Wenn in unserem Leben Probleme auftauchen, wollen wir in der Regel einfache Antworten haben: ja oder nein, dies oder das. Doch die Wirklichkeit ist subtil und paradox; sie ist eine Welt der Komplexität, des Kontinuums und des Wandels.

Wir wollen das »Warum« (warum geschieht das?) und das »Wie« (wie kann ich es regeln?) wissen. Wir suchen das Gefühl vermeintlichen Trostes, das sich einstellt, wenn wir glauben, unser Leben endlich begriffen zu haben. Doch in Wahrheit werden wir das Leben niemals ergründen. Wir täten besser dran, es auf den Kartoffelsalat zu schieben und einfach im »Was« zu bleiben. Im »Was« der bewussten Wahrnehmung bleiben, ist der Weg, wie wir die fundamentale Sicherheit finden, die man durch das Üben erlangen kann.

Wir werden das Leben niemals ergründen, wenn wir nach dem »Warum« oder dem »Wie« fragen, einfach deshalb, weil man unmöglich sagen kann, was das Leben ist. Tatsächlich *ist das Leben weder das eine noch das andere*. Es ist weder sinnvoll noch sinnlos, es ist weder eine Herausforderung noch eine Chance, es ist weder ein Prozess noch etwas Nichtduales. Das Leben ist weder schwierig noch aussichtslos; es entspricht keiner der übrigen Färbungen des Geistes, die wir benutzen, um zu beschreiben und zu erklären, was wir denken und fühlen. *Das Leben ist, was es ist.* Und selbst wenn wir *das* sagen, sagen wir nichts!

Dennoch fahren wir weiter fort, unsere Gedanken für wahr zu halten, besonders jene, die am tiefsten in uns verwurzelt sind. Es ist unser dringendes Bedürfnis, den Abgrund oder das ängstliche Beben des Seins zu vermeiden, was uns dazu drängt, uns an unsere Vorstellungen, Überzeugungen und Urteile zu klammern, um festen Boden zu gewinnen: eine gewisse Sicherheit und das Gefühl, in einer Welt zu leben, in der wir uns auskennen. Und natürlich ist da die Genugtuung, die darin liegt, »Recht zu haben«.

Was geschieht wirklich, wenn wir sitzen und meditieren und uns beispielsweise gestatten, uns im Pläneschmieden zu verlieren? Wir leben dann in der mentalen Welt, in der wir versuchen, dem Leben Ordnung, Stabilität und Berechenbarkeit zu verleihen. Wir vermeiden das »Was«, das Unbehagen und die Unsicherheit des gegenwärtigen Augenblicks. Können wir in den Augenblicken, in denen wir in den Schlamm der Ungewissheit geraten, einfach beim »Was« unserer Erfahrung bleiben, ohne uns ins Denken, Analysieren, Urteilen, Glauben oder Schuldzuweisen zu flüchten?

Im »Was« zu bleiben hat nichts damit zu tun, darin zu schwelgen. Darin zu schwelgen beinhaltet, dass wir an unsere Gedanken und Meinungen *glauben*. Im »Was« zu bleiben heißt, den Augenblick mit all seiner Ungewissheit zu erleben – ohne den festen Boden von Gedanken und Vorstellungen, ohne zu wissen, was uns erwartet. Das ist genau der Ort, an dem wir uns am wenigsten aufhalten wollen.

Aber solange wir fortfahren, die Wahrheit des Augenblicks wegzuschieben – indem wir versuchen, ihn gedanklich zu durchdringen, oder uns in unsere bequemen Süchte und Fantasien flüchten –, werden die Schwere, das Drama, der Unfrieden und das Leiden in unserem Leben weiter anhalten. Wenn wir darauf beharren, an unsere Gedanken und Urteile zu glauben, verschließen wir uns weiterhin der Tiefe, Authentizität und Befriedigung, die für jeden von uns in jedem Augenblick zugänglich sind.

5

Die Dürrezeit

Als ich zum ersten Mal die Sitzmeditation übte, hatte ich ganz deutlich das unheimliche Empfinden, dass mein Körper verschwand. Ich hatte vor meinem allerersten 40-minütigen Sitzen eine gute Unterweisung erhalten und versuchte mit aller Kraft, die Konzentration aufrechtzuerhalten. Ich kann nicht behaupten, dass ich keine Erwartungen gehabt hätte. Zumindest erhoffte ich mir, dass das Meditieren mir helfen würde, ruhig zu werden. Aber ich rechnete sicher nicht damit, dass mein Körper verschwinden würde! Als ich dem Meditationsleiter davon berichtete, nannte er das, was ich erlebt hatte, einen »Lotteriegewinn«. Er sagte, viele Menschen säßen zehn oder zwanzig Jahre lang und hofften auf eine solche Erfahrung. Ich erinnere mich, dass ich mich fragte, was jemanden wohl dazu veranlassen könnte, sich dieses Gefühl zu wünschen.

Später hörte ich mehr über die »Lotteriegewinne«, die neuen und interessanten Geisteszustände, die sich in den Anfangsstadien des Übens allem Anschein nach so mühelos einstellen. In den Flitterwochen – in denen alles dermaßen frisch, geheimnisvoll und spannend erscheint – hielt ich diese aufregenden Hochs jedoch einfach für einen natürlichen Teil des Prozesses. Als sich die Flitterwochen ihrem Ende zuneigten, Enttäuschung sich auf Enttäuschung häufte und durch das Meditieren meine Projektionen und Illusionen aufgedeckt wurden, erlebte ich die trockenen Stadien des Übens.

Die »Zeit der Dürre« kann ein akuter, dramatischer und kurzfristiger Zustand oder ein schleichender, chronischer und langwieriger Prozess sein. In beiden Fällen ist mit dem Beginn der Dürrezeit nicht nur die Zeit der Flitterwochen vorüber, auch unsere Verbindung zu dem höheren Streben, das uns ursprünglich auf den Übungsweg gebracht hat, reißt ab. Wir haben den Kontakt zu der »leisen Stimme im Innern« verloren, die geweckt werden will.

Eine kurzfristige Dürre ist oft die Folge davon, dass sich unsere Erwartungen an das Üben nicht erfüllen. Es schenkt uns nicht den unmittelbaren Frieden, die Ruhe oder Angstfreiheit, die wir uns erhofft hatten. Enttäuschung löst oft Ärger aus, und Ärger führt zu Widerstand. Wenn sich herausstellt, dass weder der Übungsweg noch der Lehrer uns rettet, beschuldigen wir den Weg, unzulänglich zu sein, oder den Lehrer unfähig zu sein. Negative Projektionen ersetzen unsere schönen Bilder. Wir verlieren den Kontakt zu unseren höher gesteckten Zielen und beschließen stattdessen, uns in unseren negativen Gedanken und Meinungen über die Übungspraxis zu ergehen.

Es ist wichtig zu verstehen, dass an dem Schwanken zwischen hoffnungsvollem Streben und Widerstand nichts verkehrt ist. Die Dürre ist eine spezielle und vorhersagbare Manifestation dieses natürlichen Zyklus. Gleichwohl halten wir sie für alles andere als natürlich, wenn sie uns anfangs trifft. Unsere Wahrnehmungen erscheinen uns als dauerhafte

Wahrheiten statt als reine Vorstellungen, die auf den wechselnden Zyklen eines Prozesses beruhen.

Meine eigenen ersten Erfahrungen mit der Dürrezeit folgten einem beinahe klassischen Muster. Als ich mich meiner ersten Gruppe, einer Gurdjieff-Gemeinschaft, anschloss, bemühte ich mich eifrig, so viel wie möglich über den Weg in Erfahrung zu bringen und alles »richtig« zu machen. Das einzige Problem bei diesem Vorgehen war, dass ich tatsächlich allmählich glaubte, viel zu wissen. Nach etwa drei Jahren meinte ich sogar mehr zu wissen als der Lehrer! Nachdem ich ihn in den ersten Jahren auf den Sockel gehoben hatte, fing ich an, das zu sehen, was ich für seine Mängel hielt. Erst schenkte ich meinen Projektionen Glauben, wer er sein und was er für mich tun sollte, und dann war ich enttäuscht, als er meinen Projektionen nicht entsprach.

Enttäuscht zu sein, als ich meine Illusionen erkannte, war eine gute Sache. Problematisch war, dass ich eine Illusion gegen die nächste eintauschte. Als meine Erwartungen nicht in Erfüllung gingen, ersetzte ich sie durch negative Gedanken über den Lehrer, die ich ungeprüft für wahr hielt. Da ich nicht begriff, dass meine Enttäuschung eine Folge meiner unerfüllten Erwartungen war, fand ich, dass ich dem Lehrer zu Recht die Schuld gab. Zweifellos waren einige meiner Beobachtungen über ihn objektiv richtig, aber darum ging es nicht. Statt mich auf mein eigenes Erleben zu konzentrieren, analysierte ich das, was ich als seine Mängel betrachtete. Die Folge war, dass mein Interesse erstarb. Handfeste negative Ansichten ersetzten es und führten vorübergehend dazu, dass ich die Gruppe verließ. Allmählich durchschaute ich, was ich tat, und konnte frisch gestärkt wieder zurückkehren.

Als ich mich einige Jahre später entschloss, von der Gurdjieffschen Gruppe zum traditionellen Zen zu wechseln, war ich mir über die Tendenz, auf meinen Lehrer Erwartungen zu projizieren, im Klaren. Mir war jedoch nicht bewusst, dass man dasselbe auch mit dem Übungsweg tun kann. Ich wurde Zen-Schüler mit der vagen, aber ziemlich hoch gesteckten Erwartung, dass ich, wenn ich lange und diszipliniert genug übte, von Sorgen und Angst befreit sein würde. Da der Weg letztlich nicht auf diese Weise funktioniert, verlor ich nach mehreren Jahren des starken Bemühens allmählich die Motivation. Obwohl ich kein Problem mit dem Lehrer hatte, ging mein Vertrauen, dass Zen mir meine persönlichen Wünsche erfüllen könnte, immer mehr verloren.

Irgendwann wurde meine Enttäuschung so mächtig, dass ich es kaum noch ertragen konnte, mich in der Zen-Gruppe aufzuhalten, obwohl ich dort ein wichtiges Amt innehatte. Ich trat von meinem Amt zurück und hörte auf, an den Retreats teilzunehmen. Da ich wusste, dass es ein Fehler war, die Gruppe ganz zu verlassen, zwang ich mich, einmal in der Woche zur Meditation zu gehen. Es war, als würde die Verbindung zu der Gemeinschaft nur noch an einem seidenen Faden hängen – und der Faden bestand in der Anstrengung, einfach nur hinzugehen. Ich hatte kein Interesse am Meditieren und war höchst ungern dort. Obwohl ich die Verbindung aufrechterhielt, fühlte sie sich beinahe abgestorben an. Ich steckte in meinen blinden und negativen Meinungen über den Übungsweg fest, die unmittelbar aus meinen enttäuschten Erwartungen resultierten, denn ich hatte nicht die Bonbons bekommen, die mir meiner Ansicht nach zustanden, wenn ich mir beim Üben so viel Mühe gab.

Glücklicherweise gelang es mir, diese Phase der Dürre und bitteren Enttäuschung auszusitzen, und allmählich konnte ich mit frischer und vertiefter Motivation das Üben wieder aufnehmen. Es gab keinen dramatischen Augenblick, in dem ich das Licht sah, sondern ich durchschaute einfach nach und nach meine Negativität und Zweifel.

Oft geben Schüler die Übungspraxis auf, wenn sie in eine Phase der Dürre geraten. Aber wenn wir das Glück haben, diese Phase aussitzen zu können, verstehen wir allmählich die natürlichen Zyklen des Widerstands. Wir können uns sogar auf das Aufkommen des Zweifels einstellen. Gleichwohl ist nicht der Zweifel an sich das Problem, sondern der Umstand, dass wir den zweifelnden Gedanken Glauben schenken und uns mit ihnen darüber hinaus als »Ich« identifizieren, als dem, was wir sind. Der Zweifel kann zu einer Vertiefung unserer Suche führen, aber nur, wenn wir uns nicht in den negativen Überzeugungen verlieren, die mit dem Zweifel einhergehen.

Wenn das Üben Früchte trägt und wir unser Spiel besser durchschauen, können wir lernen, den Zweifel und Unfrieden als Chance zu benutzen, um tiefer zu gehen und den Schmerz unserer unerfüllten Träume bewusst wahrzunehmen. Wir können lernen, die *physische* Wahrnehmung des Zweifels zuzulassen und sie auszuhalten, statt dem Strom der negativen Gedanken nachzugeben. Das kann schwierig sein, denn diese Gedanken erscheinen so wahr, substanziell und überzeugend. Lassen wir den Zweifel jedoch zu, kann in der

Dürre ein tieferes Gefühl für das Bestreben zu erwachen entstehen, selbst wenn die Qual des Nichtwissens bleibt. Thomas Merton hat dafür deutliche Worte gefunden: »Wahre Liebe und wahres Gebet lernt man in dem Augenblick, in dem das Gebet unmöglich wird und das Herz zu Stein geworden ist.« Er spricht damit den Prozess der Kapitulation an. Kapitulation kann man nicht erzwingen. Wenn wir jedoch die Zyklen des Widerstands verstehen und abwarten können, bis die Phase der Dürre vorüber ist, indem wir uns der physischen Wirklichkeit des Zweifels und Unfriedens aussetzen, werden wir allmählich ein Empfinden der Erneuerung und klaren Ausrichtung verspüren.

Die längere, chronischere Dürre ist subtiler und damit schwerer zu handhaben. Sie fällt uns möglicherweise nicht einmal auf. In einer solchen Phase fahren wir gewöhnlich fort, die äußeren Formen des Übens zu praktizieren, und werden sogar gut darin. Ebenso fühlen wir uns mit dem Erreichten auf dem Übungsweg wohl; wir entwickeln vielleicht sogar das Vertrauen, dass wir fähig sind, die Lehren des Übungswegs zu verstehen und weiterzuvermitteln. Doch bei dieser subtileren Dürre ist unsere Selbstzufriedenheit möglicherweise ein wenig *zu groß*. Vielleicht macht sich ein Gefühl der eigenen Wichtigkeit breit und ersetzt das, was einmal unser »Anfängergeist« war. Wir werden zu fortgeschrittenen Schülern und vielleicht sogar zu ambitionierten Lehrern. Es mag nicht einmal den Anschein haben, als sei unser Üben dürr geworden. Doch je sicherer und wohler wir uns beim Üben fühlen, desto mehr entfernen wir uns von dem, worum es dabei wirklich geht.

Während einer lang anhaltenden Phase der Dürre kann es gut sein, dass wir den Übungsweg wenigstens teilweise nur noch als Schutz benutzen. Es gibt Fragen, die wir uns selbst stellen können, um diesen Schutz zu lüften: Benutzen wir den Übungsweg, um uns mithilfe der Gruppenzugehörigkeit in Sicherheit zu wiegen? Benutzen wir ihn, um die Rolle eines »Zen-Schülers« oder eines »Menschen auf dem spirituellen Weg« aufrechtzuerhalten? Sind wir auf das gute Gefühl aus, beim Üben alles »richtig« zu machen?

Wenn wir den Übungsweg als Schutz verwenden, vermeiden wir das Gefühl des Abgrunds, den Grundschmerz und das ängstliche Beben des Seins, die all unseren Schutzmechanismen zugrunde liegen. Da wir nicht mehr spüren, wie es eigentlich um uns bestellt ist, trocknet das Üben langsam aus, wird leblos und stagniert. Oft wollen wir uns nicht einmal ansehen, was geschieht, denn darunter liegt die Angst, dass wir ohne unsere schützenden Identitäten und Requisiten ein Niemand sein könnten. Möglicherweise weiß ein Teil von uns, dass wir das, worauf es wirklich ankommt, vermeiden, aber wenn wir gelegentlich eine Ahnung von unserer Angst erhaschen, verdrängen wir sie aus dem Bewusstsein. Auf diese Weise nimmt die Dürre noch mehr zu.

Wie beendet man eine lang anhaltende, chronisch gewordene Dürrezeit beim Üben? Vielleicht müssen wir radikal wachgerüttelt werden. Vielleicht müssen wir auch das Üben, wie wir es kennen, aufgeben. Mit »wie wir es kennen« meine ich die Weise, wie wir das Üben als Schutz oder Weiterführung unserer gewohnten Bewältigungsstrategien benutzen, ganz gleich, ob sie darin bestehen, dass wir uns verstecken (eine Lieblingsstrategie von Zen-Schülern), die Besten sein wollen oder fügsam und pflichtbewusst oder sogar verwirrt sind. Jede dieser Strategien ist nützlich zur Aufrechterhaltung der Sicherheit unseres vertrauten Selbst. Wenn wir uns ehrlich anschauen, wie wir das Üben als Verteidigungsstrategie benutzen, kann uns das aus der chronischen Dürre befreien.

Das Üben, wie wir es kennen, aufzugeben kann bedeuten, einen Schritt auf unsere Grenzen hin zu tun, auf das Unbehagen des uns Unbekannten hin. Wir müssen uns anschauen, wie wir verzweifelt versuchen, all die Dinge zu vermeiden, von denen wir wissen, dass wir uns ihnen irgendwann stellen müssen. Sobald wir unsere Strategie erkennen – sei es zu gefallen, zu gewinnen oder uns hinter einem Selbstbild zu verstecken –, wissen wir, dass wir ihr vielleicht zuwider handeln müssen. Wir müssen unter Umständen unsere schützende Identität aufgeben oder was sonst notwendig ist, tun, damit wir unsanft in unserem Gefühl der Behaglichkeit, der eigenen Wichtigkeit oder dem erschüttert werden, was unserem Üben die Authentizität nimmt.

Der wunderbare Roman von Mark Salzman *Lying Awake* erzählt die Geschichte einer Karmeliterin, die nach vielen Jahren der Dürre auf ihrer Suche nach Gott intensive mystische Visionen hat. Doch zusammen mit den Visionen treten schwere und immer häufigere Kopfschmerzanfälle auf. Der Arzt stellt bei ihr eine Epilepsie fest – eine Krankheit, von der man allgemein annimmt, dass sie bewusstseinsverändernde Visionen fördert. Nun steckt die Nonne in einem Dilemma: Wenn sie ihre höheren Bewusstseinszustände tatsächlich der Epilepsie verdankt, heißt das dann, dass ihr Kontakt zu Gott nicht »echt« ist? Was ist mit all den wunderbaren Gedichten, die sie in diesem Zustand verfasst und mit denen sie so viele andere Menschen inspiriert hat? Sind ihre Erlebnisse weniger authentisch, weil sie möglicherweise durch einen neurologischen Defekt hervorgerufen wurden?

Was tun? Lässt sie die Epilepsie behandeln, verliert sie unter Umständen die Fähigkeit, ihre Nähe zu Gott zu erleben, und landet wieder in der unerträglichen Dürre, und das bedeutet für sie, auf die Freude zu verzichten, die sie jetzt in ihrem Leben hat. Lässt sie aber die Epilepsie nicht behandeln, ist sie zunehmend auf die Fürsorge der anderen Nonnen angewiesen und fällt ihnen zur Last.

Das Dilemma, in dem sie steckt, beleuchtet die ungemein schwierigen Fragen von Glauben und Zweifel. Wir alle haben den Glauben und das Vertrauen, dass uns das Üben in eine bestimmte Richtung führen wird. Im Laufe unseres Lebens wird dieses Vertrauen in den Übungsweg wiederholt auf die Probe gestellt. Zu jedem aufrichtigen Weg gehören Phasen des Zweifels. Fragen erheben sich: »Was mache ich eigentlich mit meinem Leben?« »Versuche ich nur, ein bisschen mehr persönliches Glück zu erlangen und Leiden zu vermeiden, oder strebe ich wirklich danach, Gott zu erkennen?«

Beharrlich weiterzuüben in dem Wissen, dass wir die Antworten auf diese Fragen nicht kennen, ist die Art und Weise, wie unsere Suche an Tiefe gewinnt. Wenn wir den Zweifel zulassen und uns dem Unbehagen des Abgrunds aussetzen, können wir allmählich deutlicher sehen, worum es in unserem Leben wirklich geht.

Solange wir versuchen, an dem falschen Gefühl festzuhalten, dass wir auf sicherem Boden stehen, indem wir unsere vertrauten Selbstbilder, Meinungen und unsere bequemen, gewohnten Verhaltensstrategien aufrechterhalten, bleiben wir in dem egozentrischen Dasein von »ich« und »mein« stecken. Bereit zu sein, Zweifel zuzulassen, eröffnet uns die Chance, zu hinterfragen, was wir wirklich wollen. Aber ein solches Hinterfragen kann nicht einfach nur analytisch sein. Damit es uns wandeln kann, muss es ein *Erfahrungs*prozess sein.

Als es der Nonne in dem erwähnten Roman gelingt, ihren Zweifel zuzulassen und ihn wirklich bewusst wahrzunehmen, begreift sie, dass sie die Behaglichkeit des Übens aufgeben muss, wie sie es gekannt hat. Sie ist imstande, genügend Abstand zu ihrem persönlichen Leiden zu gewinnen, um wahrhaft an die anderen zu denken. Indem sie sie mit einbezieht – nicht aus Schuld- oder Verpflichtungsgefühlen heraus, sondern aus einer Ahnung dessen, worum es in ihrem Leben wirklich geht –, beginnt sie, die Antwort auf ihre Krise zu finden.

Die Dürre ist nicht nur etwas, was anderen widerfährt. Wir alle haben Augenblicke erlebt, in denen wir jede Motivation zu üben verloren haben oder nicht einmal mehr wussten, warum wir überhaupt je damit begonnen haben. Wir alle sind der Versuchung erlegen, die wirklichen Bemühungen des Übens dadurch zu ersetzen, dass wir Bücher darüber gelesen oder darüber nachgedacht und gesprochen haben. Wir haben Dürrezeiten durchgemacht, in denen wir den Kontakt zu unserem Bestreben aufzuwachen verloren haben und kaum eine Vorstellung davon hatten, worum es in unserem Leben eigentlich geht. Worum geht es? Das ist die Frage, die wir stellen müssen in der Erkenntnis, dass wir die Antwort nicht kennen, und dennoch mit der Bereitschaft, den emotionalen und physischen Unfrieden des Nichtwissens auszuhalten. Wenn wir die Dürre, den Selbstzweifel, die Ungewissheit aushalten, können wir uns allmählich wieder mit unseren höheren Ambitionen verbinden. Wenn wir – *auf der Ebene des Erfahrens und bewussten Wahrnehmens* – die Frage beantworten »Worum *geht* es im Leben?«, werden wir die einzig wirkliche Lösung für die Dürre finden.

6

31 Merksätze zur Übungspraxis

Hier finden Sie 31 Antworten auf die Frage: »Was ist das Üben?«

Sie können jeweils eine Antwort als Motto für den Tag verwenden. Behalten Sie den Satz tagsüber im Gedächtnis und benutzen Sie ihn, um Ihr praktisches Verständnis dessen zu vertiefen, worum es in Ihrem Leben geht.

- Beim Üben geht es darum, die Wahrheit darüber zu erfahren, wer wir wirklich sind.
- Beim Üben geht es darum, uns auf unser Leben so einzulassen, wie es ist, nicht wie wir es gerne hätten.
- Beim Üben geht es darum, unsere Glaubenssätze zu klären, sodass sie uns nicht länger herumkommandieren, auch wenn sie weiter bestehen bleiben.
- Beim Üben geht es darum, die Illusion eines getrennten Selbst zu durchschauen.
- Beim Üben geht es darum zu lernen, gütig zu sein; wir werden jedoch nie gütig sein, solange wir unsere Lieblosigkeit nicht wirklich bewusst wahrnehmen.
- Beim Üben geht es darum, all das anzugehen und bewusst wahrzunehmen, an dem wir feststecken oder uns festhalten und was unser wahres Wesen trübt.

- Beim Üben geht es darum, sich bereitwillig dem auszusetzen, was das Leben uns präsentiert.
- Beim Üben geht es immer wieder um das grundlegende Koan »Was *ist* das?« – das immer auf die erfahrbare Wahrheit des Augenblicks verweist.
- Beim Üben geht es darum, sich von der Tendenz abzuwenden, ständig nach Behaglichkeit zu suchen und Schmerz vermeiden zu wollen.
- Beim Üben geht es darum zu lernen, niemand zu sein, kein Denksystem für substanziell zu halten – einfach zu sein.
- Beim Üben geht es darum, uns von der Sklaverei unserer Selbstbeurteilungen und Schuldgefühle zu befreien.
- Beim Üben geht es darum, die falschen Versprechungen unserer Ideale und Fantasien zu durchschauen.
- Beim Üben geht es darum, uns selbst ein Licht zu werden.
- Beim Üben geht es darum, von einem Leben emotionaler Aufregung zu einem Leben der Gleichmut zu gelangen.
- Beim Üben geht es darum, zu unserem wahren Wesen zurückzukehren.
- Beim Üben geht es darum, zunehmend die Fähigkeit zu entwickeln, für alles dankbar zu sein, was uns im Leben begegnet.
- Beim Üben geht es darum, unser unnötiges Leiden zu verwandeln.
- Beim Üben geht es um den Zusammenstoß dessen, was wir wollen, mit dem, was ist.
- Beim Üben geht es darum, immer mehr eins mit der Liebe zu werden – nicht mit der persönlichen Liebe, sondern mit der Liebe, die das Wesen unseres Seins ausmacht.

- Beim Üben geht es darum, von einer selbstbezogenen Sicht zu einer lebensbezogenen Sicht zu gelangen.
- Beim Üben geht es darum, das grundlegende Paradox zu verstehen, dass ALLES gut ist, auch wenn alles ein Chaos ist.
- Beim Üben geht es darum, unsere Vorlieben anzuerkennen, ohne sie zu Forderungen zu machen.
- Beim Üben geht es nicht darum zu leiden, sondern aus unserem Leiden *zu lernen*.
- Beim Üben geht es um Beharrlichkeit – die Fähigkeit, unsere Bemühungen fortzusetzen, obwohl uns das Leben nicht immer nur Freude macht.
- Beim Üben geht es darum zu lernen, aus dem offenen Herzen zu leben – dem Herzen, das nur Verbundenheit kennt.
- Beim Üben geht es darum, frei von Anhaftungen und dem Leiden zu werden, das aus diesen Anhaftungen entsteht.
- Das Üben wird immer Vergebung nach sich ziehen, zumindest solange es noch irgendeinen Menschen gibt, dem wir nicht vergeben können.
- Beim Üben müssen wir uns letztlich mit der grundlegendsten menschlichen Angst auseinander setzen, der Angst, ausgelöscht zu werden, ganz gleich ob es die Auslöschung des physischen Körpers oder des Ego betrifft.
- Beim Üben geht es darum, ja zu sagen zu dem, was passiert, selbst wenn es uns nicht gefällt.
- Beim Üben geht es darum, uns anderen zu schenken, jedoch dabei fast unsichtbar zu bleiben wie ein weißer Vogel im Schnee.
- Das Üben lässt sich immer auf die *Bereitwilligkeit* reduzieren, *einfach zu sein*.

TEIL II

Anhaftungen und Ideale

7

Anhaftungen

Das Ersatzleben ist eine sehr enge und beschränkte Art zu leben. Diese Enge gründet auf dem Bedürfnis, uns wohl zu fühlen und uns an das Vertraute und Sichere zu klammern. Um das ängstliche Beben im Kern unseres Seins nicht erleben zu müssen, wo wir das Chaos der Ungewissheit oder den Schmerz ungeheilter Wunden spüren könnten, weben wir einen schützenden Kokon von Überzeugungen und Identitäten um uns. Diese Art zu leben schneidet uns unglücklicherweise auch von unserem wahren Wesen ab, unserem von Natur aus offenen Herzen.

Die problematischsten Überzeugungen sind mit unseren Anhaftungen verbunden, die sich oft schwer identifizieren lassen. Anhaftungen sind einfach Glaubenssätze – oder Fantasien –, die sich in unserem Geist als »Wahrheit« verfestigt haben. Sie sind überdies mit der Energie der Begierde behaftet, die auf dem unterschwelligen Glauben beruht, dass wir ohne einen bestimmten Menschen oder Gegenstand niemals frei von Leiden sein können. Anhaftungen können auch die Form von Vermeidung annehmen; wir meinen, nicht glücklich sein zu können, solange sich ein bestimmter Mensch, Umstand oder Gegenstand in unserem Leben befindet. Wenn Sie wissen wollen, was negative Anhaftung ist, stellen Sie sich einfach das Essen oder die Person vor, die Sie am wenigsten mögen.

Wir alle entwickeln Anhaftungen an Menschen oder Dinge, von denen wir überzeugt sind, sie seien unverzichtbar für unser Glück. Oft hängen wir mehr an dieser Überzeugung als an dem Menschen oder dem Ding selbst. Die Überzeugung entfacht unsere ängstlichen Bemühungen, diesen Jemand oder dieses Etwas für uns zu gewinnen oder zu behalten. Haben wir Erfolg, erleben wir vielleicht eine vorübergehende Euphorie. Doch da uns die Angst, dass wir unsere Errungenschaft wieder verlieren könnten, nie verlässt, ist die Befriedigung nur von kurzer Dauer.

Um mit Anhaftungen zu üben, müssen wir die entsprechende Überzeugung zunächst klar, genau und ehrlich *sehen*. Als Nächstes müssen wir nicht nur begreifen, dass diese Überzeugung falsch ist, sondern auch, dass unser Festhalten an ihr die Quelle unseres Unglücks bildet. Gerade *weil* wir anhaften, sind wir unglücklich.

Es ist beispielsweise leicht zu sehen, dass wir an anderen Menschen anhaften und wirklich meinen, unser Glück hänge auf irgendeine Weise von ihnen ab. Wir können auch problemlos sehen, wie wir an Essen, Lust oder Behaglichkeit anhaften. Wir meinen, unser emotionales Wohlbefinden sei unauflösbar damit verbunden, das zu bekommen, was uns in unseren Augen glücklich macht. Doch Überzeugungen wie diese zu hegen ist die Garantie dafür, dass wir keine tiefe Befriedigung erleben können, weil uns der Gedanke ängstigt, eben dieses Glück wieder zu verlieren. Wenn wir wirklich glücklich sein wollen, ist es notwendig, unsere Anhaftungen aufzugeben.

Wir müssen, anders formuliert, zwischen Glück und Anhaftung wählen. Wollen wir anhaften oder glücklich sein? Die Antwort ist eindeutig – wir wollen anhaften! Auch wenn wir sehen können, dass die Erfüllung unserer Wünsche uns bestenfalls eine flüchtige Freude beschert, klammern wir uns dennoch an sie. Wir sind nicht bereit, den festen Glauben aufzugeben, dass sie uns letztlich doch noch glücklich machen könnten.

Machen Geld oder Karriere uns glücklich im Sinne einer tiefen und anhaltenden Zufriedenheit? Auch wenn wir erfahren, dass dem nicht so ist, jagen wir dennoch häufig hinter ihnen her, denn wir sind weiterhin davon *überzeugt*, sie könnten es. Ist ein Mensch imstande, uns glücklich machen? Das ist etwas schwieriger zu durchschauen, denn wir alle wünschen uns, anerkannt, geliebt, geborgen und verbunden zu sein, und *glauben*, jemand anders könne uns diese Gefühle vermitteln. Selbst wenn wir feststellen, dass andere uns das, was wir wollen und brauchen, nicht geben können, *glauben* wir unbeirrt weiter, sie könnten es! Dieser Glaube *ist* unsere Anhaftung, die Quelle unseres Leidens. Solange wir andere durch die Brille des angstbesetzten Anspruchs betrachten, dass sie uns ein bestimmtes Gefühl vermitteln sollen, sind die Reaktion und Enttäuschung bereits vorprogrammiert.

Machen uns unsere Grundüberzeugungen glücklich, wir seien wertlos, nicht liebenswert und unvollständig? Ganz im Gegenteil, doch unsere Anhaftung an diese Grundüberzeugungen erweist sich als eine der stärksten und am schwersten zu durchschauenden Anhaftungen überhaupt, weil das, woran wir anhaften, uns so nahe ist. Es ist das, was uns als

Selbst definiert. Das Vertraute gibt uns ein Gefühl der Stabilität, selbst wenn es uns elend macht.

Überall stoßen wir auf Anhaftungen: an unsere Leistungen, daran, wie wir von anderen wahrgenommen werden, an unsere Tätigkeit, unseren Wohnort und die Automarke, die wir fahren. Wir können sicher feststellen, dass unsere Anhaftungen an andere Menschen bestimmte Formen annehmen, die auf dem Glauben gründen, die anderen müssten ein bestimmtes Verhalten an den Tag legen, das uns glücklich macht. Aber Liebe – oder das Glück, das ganz von selbst aus der Liebe entsteht – gründet nicht auf Bedürftigkeit. In dem Maße, wie wir daran haften, dass unsere Bedürfnisse erfüllt werden, können wir nicht wirklich lieben.

Frei von Anhaftung zu werden erfordert, dass wir zunächst *sehen*, wie und wo wir anhaften. Insbesondere müssen wir begreifen, dass Anhaftungen aus Glaubenssätzen entstehen. Körperlicher Schmerz beispielsweise bietet uns die Chance, uns anzuschauen, wie wir an Wohlbefinden und den damit in Zusammenhang stehenden Überzeugungen haften. Der Glaube, das Leben sollte schmerzfrei sein, könnte sich in Gedanken wie den folgenden äußern: »Das ist zu viel« oder: »Das sollte niemand ertragen müssen.« Diesen Gedanken liegt die Überzeugung zugrunde, dass wir kein Glück empfinden können, wenn wir Beschwerden haben. Auch ich war dieser Ansicht, aber inzwischen weiß ich, dass es schlicht unwahr ist. Tatsächlich kann das Anhaften an dem Glauben, wir könnten nicht glücklich sein, solange wir Schmerzen haben, mehr Leiden verursachen als die körperlichen Beschwerden selbst. Solange wir diesen Glauben nicht als das begreifen, was er ist – als eine Überzeugung, die möglicherweise nicht einmal wahr ist –, haften wir an körperlichem Wohlbefinden an und stellen damit sicher, dass wir unzufrieden bleiben.

Manchmal ist es schwierig zu erkennen, wie stark unsere Anhaftungen sind. Als ich unlängst einen Vortrag über Anhaftungen hielt, kündigte ich dem Publikum an, dass ich ein oder zwei Zuhörer nach vorn rufen würde, um zu singen, wie sie es vielleicht in der Privatsphäre ihres Autos oder unter der Dusche tun würden. Nach dieser Ankündigung wuchs die Spannung merklich. Viele Menschen gaben später zu, dass ihnen der Gedanke, öffentlich ein Lied zu singen, furchtbar peinlich war. Ihre Reaktion galt nicht dem Singen, denn gewöhnlich macht Singen Spaß, sondern dem Angriff auf das von ihnen gehegte Selbstbild, von dem wir alle auf irgendeiner Ebene glauben, wir bräuchten es, um uns ein Gefühl der Sicherheit, Geborgenheit und Ordnung zu verschaffen. *Darin* besteht unsere Anhaftung. Häufig würden wir eher daran festhalten und leiden, als es aufzugeben und frei zu sein.

Um mit Anhaftungen zu üben, ist es notwendig herauszufinden, welche Glaubenssätze unseren Anhaftungen zugrunde liegen, und anschließend zu sehen, wie sehr wir an ihnen festhalten. Wir müssen überdies begreifen, dass diese Überzeugungen nicht wahr sind. Manchmal ist es auch notwendig zu verstehen, warum wir uns davor fürchten, sie aufzugeben. In dem Beispiel, vor Zuhörern ein Lied zu singen, offenbart sich unsere Überzeugung, dass wir ein bestimmtes Selbstbild aufrechterhalten müssen, das uns festen Boden verschafft, uns stützt und das ängstliche Beben des Seins in Schach hält.

Das Festhalten an unserem Selbstbild schützt uns davor, den Sprung in den Schrecken des Unbekannten zu wagen.

Ein weiteres Beispiel: Angenommen, ich bin der Überzeugung, dass mein Leben ohne Ordnung und Kontrolle chaotisch und unsicher ist. Ich entwickle eine Anhaftung an diese Illusion der Kontrolle in dem Glauben, sie gebe mir Sicherheit. Aber was tue ich in Wirklichkeit? Ich benutze die Strategie der Kontrolle, um meiner Grundangst auszuweichen, die mich in Panik versetzt – der Angst vor der Hilflosigkeit, die aus einem Kontrollverlust resultiert. Meine Anhaftung an Kontrolle schützt mich davor, diese primäre Angst zu erleben. Dadurch dass ich die Angst vermeide, beraube ich mich jedoch der Möglichkeit, jemals frei zu sein. Die Arbeit mit Anhaftungen setzt voraus, dass wir anfangen, unsere Überzeugungen fallen zu lassen und in die Welt des bewussten Wahrnehmens und Erlebens einzutreten. Dort müssen wir uns mit der tiefen Angst auseinander setzen, dass uns unsere auf Glaubenssätzen gründende Identität nicht zur Verfügung steht, um uns aufrechtzuerhalten.

Viele meiner Einsichten über die Macht der Anhaftung habe ich der Auseinandersetzung mit der starken Identifikation zu verdanken, die ich mit meinen Töchtern hatte. Bei der längsten und fruchtbarsten Auseinandersetzung ging es um die Basketballkarriere meiner jüngeren Tochter Jenessa. Seit ihrem zehnten Lebensjahr spielten wir zusammen Basketball. Als sie schließlich in die Highschool kam, war sie die Beste ihres Teams. Wenn sie gut spielte, ging es mir gut; wenn sie einmal nicht in Form war, ging es mir schlecht. Ich versuchte, mit diesen Höhen und Tiefen zu üben, aber gewöhnlich spielte Jenessa erfolgreich, und so war ich nicht sonderlich motiviert, meine Anhaftung zu untersuchen, weil sie mir gewöhnlich keine Probleme bereitete.

Als Jenessa aufs College kam, war ihr erstes Jahr großartig. Im zweiten Jahr zog sie sich jedoch bei ihrem allerersten Spiel einen Bänderriss im Knie zu. Den Rest der Saison musste sie auf der Bank verbringen. Obwohl wir beide enttäuscht waren, blieb uns immer noch die Vorfreude auf das kommende Jahr. Die nächste Saison erwies sich jedoch als überaus schwierig. So sehr Jenessa auch trainierte, das spielfreie Jahr hatte seinen Tribut gefordert. Ihr Körper war nicht völlig im Einklang mit dem Spiel. Die körperlichen Probleme führten zu begrenzenden Glaubenssätzen, die sich zu mentalen Schwierigkeiten auswuchsen. Als ich sah, wie Jenessa sich abmühte, erlebte ich die Macht der Anhaftung tief in meinem Bauch.

Selbstverständlich tat es mir als Vater Leid für meine Tochter. Aber nicht darin, sondern in meinem Anhaften an ihrem Erfolg bestand das Problem. Ich lebte unbewusst aus der Überzeugung – oder Illusion –, dass mein Glück davon abhing, wie gut sie spielte. Mein Anhaften an dieser Überzeugung war so stark, dass ich bei und nach »schlechten« Spielen Bedrohungs- und Vernichtungsgefühle im Bauch empfand.

Aus der Sicht des Übungswegs war es gut, dass die Enttäuschung so massiv war, denn dadurch wurde ich wirklich auf sie aufmerksam. Ich spürte das Ausmaß und die Macht meiner Anhaftung und wie sehr ich ihr Gefangener war. Ich begann, Jenessas Spiele als Chance zu betrachten, meine Anhaftung zu studieren und mit ihr zu arbeiten. Wenn sie nicht in Form war und sich bei mir das bleierne Gefühl und die leichte Übelkeit der Angst einstellte, beobachtete ich, welche Glaubenssätze zu meinen emotionalen und physischen Reaktionen Anlass gaben. Bald begann ich zu sehen, was los war: Ich haftete an *meinen* Leistungen. Weil ich mich so sehr mit Jenessa identifizierte und sie als Ausdehnung meiner eigenen Person betrachtete, erlebte ich ihre Leistungen und »Fehlschläge« als meine eigenen.

Um es noch genauer zu sagen: Ich glaubte, dass mein Wohl und Wehe davon abhing, wie erfolgreich oder produktiv ich (sie) war. Wer wäre ich ohne die Krücke des Erfolgs? Ich müsste mich mit der Grundangst des Versagens konfrontieren – dem Loch der Bedrohung, Scham und Hilflosigkeit. Als mir meine Anhaftung klar wurde, begriff ich, dass ich nur frei von ihrer Macht werden konnte, wenn ich mich auf dieses Loch einließ und bereitwillig darin verweilte. Und so saß ich auf der Zuschauertribüne und versuchte, die Beschaffenheit und Qualität der Bedrohung zu fühlen, die ich zuvor einfach nur hatte vermeiden wollen.

An einigen Überzeugungen und Anhaftungen halten wir so vehement fest, dass es uns schwer fällt, uns Klarheit über sie zu verschaffen. Das betrifft insbesondere unsere Kinder. Unsere Identifikation mit ihnen kann so massiv sein, dass es Zeit braucht, um auf der *Ebene des bewussten Wahrnehmens* klar zu sehen, dass wir sie als Teil von uns selbst betrachten. Wir müssen bereit sein, dass ängstliche Beben unseres Seins bewusst wahrzunehmen, ohne uns durch den illusionären Glauben an unsere Anhaftungen gegen die Wirklichkeit abzuschirmen. Als ich begann, mich dem ängstlichen Beben zu öffnen, das ich mit Jenessas Erfolgen zu übertünchen versucht hatte, wurde mir klar, wie beschränkt und selbstbezogen mein Interesse an Jenessa gewesen war.

In dem Maße, in dem meine Anhaftung deutlicher zutage trat und ihre Macht verlor, stellte ich fest, dass ich mich an den Bemühungen meiner Tochter erfreuen konnte, auch wenn sie nicht brillierte. In den letzten beiden Jahren, in denen sie spielte, war ich dankbar dafür, dass ich zunehmend imstande war, *sie* wertzuschätzen, unabhängig von meiner eigenen Bedürftigkeit und Anhaftung. Anhaftung ist immer eine Schranke vor wirklicher Wertschätzung und wahrem Glück, denn sie beruht auf der Illusion, dass irgendein äußerer Faktor unseren Grundschmerz zum Verschwinden bringen kann. Wenn wir jedoch bereit sind, uns dem Schmerz auszusetzen, den wir vermieden haben, lässt die Macht der Anhaftung nach und der Weg zu einem authentischen Leben öffnet sich.

Ich spreche nicht davon, völlig frei von Anhaftungen zu werden, sondern weniger an ihnen zu hängen. Wir können uns von der *Forderung*, etwas Bestimmtes haben zu müssen, zu der weniger emotionsgeladenen *Vorliebe* für diese Sache hinbewegen. Angenommen, wir würden an unserer Gesundheit anhaften. Wenn wir krank werden oder sich eine Behinderung einstellt, und das über einen langen Zeitraum, erleben wir unsere Anhaftung vielleicht zumindest teilweise in Form von Wut. Unser Anhaften an einem Bild davon, was das Leben uns bieten sollte – nämlich in diesem Fall Gesundheit – nimmt die Form einer emotionsgeladenen Forderung an. Wenn das Leben diese Forderung nicht erfüllt, sind wir wütend. Nur wenn wir mit unseren Anhaftungen arbeiten, können wir die Forderungen durchschauen, die wir an das

Leben stellen. Verliert die Forderung ihre Macht, können wir sie als Vorliebe bestehen lassen. Vorlieben zu haben, ist kein Problem, ebenso wenig wie sie zu genießen.

Problematisch und Leid erregend ist es hingegen, wenn uns unsere Anhaftungen so stark versklaven, dass sie unser Leben regieren.

Wenn wir auf dem Übungsweg mit Anhaftungen arbeiten, müssen wir erstens das Gefängnis unserer Anhaftungen bewusst wahrnehmen.

Zweitens müssen wir sehen, dass wir dieses Gefängnis nicht verlassen wollen und lieber unseren Überzeugungen glauben, als frei zu sein. Drittens müssen wir uns selbst beobachten und – klar, präzise und ehrlich – alle Überzeugungen und Glaubenssätze erkennen, die eine bestimmte Anhaftung aufrechterhalten.

Viertens müssen wir mit ebensolcher Klarheit sehen, dass unsere Überzeugungen und Glaubenssätze nicht die Wahrheit, sondern bloße Überzeugungen sind. Das ist leichter gesagt als getan. Genau an diesem Punkt können wir lernen zu verstehen, warum wir an unseren Überzeugungen festhalten und uns fürchten, sie aufzugeben. Wir beginnen zu sehen, wie wir sie als Schutzschild benutzen, um unsere Ängste nicht spüren zu müssen.

Danach müssen wir in die Welt des bewussten Wahrnehmens eintreten, in der wir allmählich unsere Überzeugungen fallen lassen und uns mit der Angst, unsere auf Glaubenssätzen gründende Identität zu verlieren, auseinander setzen. Aber wer möchte sich dem bebenden Gefühl, in einem Abgrund zu versinken, aussetzen? Niemand. Doch nur wenn wir imstande sind, in der physischen Wahrnehmung dieses Abgrunds zu verweilen – und uns nicht länger an unsere Vorstellungen klammern –, können wir den Kreislauf unserer Konditionierungen und dic Macht unserer Anhaftungen durchbrechen. Vielleicht bedarf es dazu jedoch einer großen Dosis Enttäuschung, damit wir dieses Verständnis wirklich erreichen können.

Auf diese Weise beginnen wir allmählich, ein authentisches Dasein ohne unsere Glaubenssätze und jenseits des Schreckens zu erleben. Das ist der Übungsweg. Wenn wir unsere Anhaftungen voll und ganz durchschauen und sie bewusst wahrnehmen, ist Freiheit die Folge. Wenn wir unsere Ängste durchschauen, ist Liebe die Folge. Wenn wir ohne unsere Filter, Urteile und Wünsche schauen, sind Wertschätzung und die ruhige Freude des Seins die Folge.

In jedem beliebigen Augenblick können Sie sich fragen: Worin bestehen meine Anhaftungen genau jetzt? Ohne wen oder was glaube ich nicht glücklich sein zu können?

8

Süchte und die Genauigkeit beim Üben

Inmitten des Alltagstrubels ist die Übungspraxis oft nicht einfach und klar. Ein Teil der Herausforderung besteht jedoch darin, unseren Bemühungen eine gewisse Genauigkeit und Gründlichkeit zu verleihen. Deshalb ist es wichtig, sich immer wieder auf die zwei grundlegenden Aspekte des Übungswegs zu besinnen: erstens das Durchschauen des mentalen Geschehens mit all seinem Lärm und zweitens das Eintreten in das vorstellungsfreie Schweigen der Wirklichkeit-wie-sie-ist. Als Übende lernen wir, das mentale oder auf Vorstellungen gründende Geschehen – die Gedanken, emotionalen Reaktionen, Strategien und Ängste – aufrichtig und schonungslos zu beobachten und uns anschließend immer wieder der physischen Wirklichkeit des gegenwärtigen Augenblicks zuzuwenden.

Genau sein heißt, die Aufmerksamkeit auf das zu richten, was sich der Klarheit beim Üben in den Weg stellt. Wir müssen unser Augenmerk besonders auf die Anhaftungen und Süchte richten, die uns in einem Ersatzdasein gefangen halten: nicht auf die offensichtlichen Süchte, wie Drogen oder Alkohol, sondern die subtileren Abhängigkeiten, denen wir alle zum Opfer fallen.

Beginnen wir mit unserer *Sucht nach Behaglichkeit*. Ich spreche darüber, wie wir unsere Erfahrung manipulieren in dem Versuch, uns wohl zu fühlen und Schmerz zu vermeiden. Wir alle kennen diese Sucht in einem bestimmten Maße. Wie äußert sie sich bei Ihnen? Zeigt sie sich darin, dass Sie das Sitzen vermeiden, wenn Ihnen nicht danach ist, oder dass Sie sich beim Sitzen bewegen, selbst wenn die Unterweisung lautet, still zu verharren? Können Sie diese Sucht in Ihrer Anhaftung an Essen, Schlafen oder Fantasieren sehen?

Worin besteht hier das Üben? Erstens müssen wir sehen, auf welche Weise wir ständig nach Behaglichkeit suchen. Dann richten wir unseren Blick auf das mentale Geschehen, indem wir beginnen, unsere grundlegendsten Glaubenssätze und Überzeugungen zur Kenntnis zu nehmen. Wenn beispielsweise beim Meditieren Unruhe aufkommt, fragen wir uns: »Was genau ist jetzt meine vorherrschende Vorstellung?« Die Antwort lautet vielleicht: »Das Leben sollte behaglich sein«; »Das Leben sollte schmerzfrei sein« oder: »Ich kann nicht glücklich sein, wenn ich Beschwerden habe.« Wir glauben zweifellos, dass diese Gedanken wahr sind; doch viele Menschen haben die Erfahrung gemacht, dass ihr Glück nicht davon abhängt, beschwerdefrei zu sein. In der Tat ist es der *Glaube*, wir müssten Beschwerden aus dem Weg gehen, der eine der tiefsten Quellen unseres Unglücks bildet. Doch um die Glaubenssätze zu durchschauen, die unseren gewohnten Einstellungen und Verhaltensweisen zugrunde liegen, müssen wir zunächst wissen, wie sie lauten. Wir müssen unsere Gedanken präzise und klar benennen, um ihren Suchtcharakter zu durchschauen.

Worin besteht die Komponente des *bewussten Wahrnehmens*, sobald wir die Gedanken klar durchschauen? Sie besteht darin, bei der Ruhelosigkeit, dem ängstlichen Beben und dem Loch des Unbehagens, aus denen unsere Anhaftungen entspringen, zu bleiben. Es ist nicht unbedingt leicht, im gegenwärtigen Augenblick zu bleiben, wenn er unbehaglich ist, weil wir eine natürliche Abneigung gegen Unbehagen haben. Das ist einer der Gründe, aus denen es hilfreich ist, täglich zu meditieren. Dadurch lernen wir, bei der körperlichen Erfahrung zu verharren, selbst wenn uns diese Erfahrung nicht zusagt. Doch um wirklich beim physischen Unbehagen zu bleiben, ist es hilfreich, zunächst die Gedanken ausfindig zu machen, die wir für wahr halten.

Bei genauer Beobachtung des mentalen Geschehens wird deutlich, dass wir selten einen Atemzug tun, ohne dass uns ein Gedanke, eine Meinung oder ein Urteil durch den Kopf geht. Wir beginnen, das Ausmaß unserer *Abhängigkeit von unseren Gedanken* zur Kenntnis zu nehmen. Der größte Teil der mentalen Energie ist harmlos, es ist nur Energie, die in Form mentaler Vorstellungen auftaucht. Aber bei den meisten Menschen hat die Abhängigkeit ein bestimmtes Muster. Sobald wir wissen, worin es besteht, können wir es mit einfachen Allgemeinbegriffen benennen, wie »Pläne schmieden«, »Gespräche führen«, »sich in Erinnerungen ergehen« oder »sich Sorgen machen«, um anschließend zu unserer unmittelbaren physischen Erfahrung zurückzukehren. Manchmal müssen wir unsere Gedanken genauer benennen. Um beispielsweise den Suchtcharakter des Fantasierens zu erfassen, könnten wir sagen: »Ich habe die Vorstellung, dass ich fantasieren *muss.*«

Das Erkennen des Suchtcharakters macht es leichter, sich wieder der physischen Wahrnehmung des Verlangens zuzuwenden.

Einige Abhängigkeitsmuster sind heimtückischer als andere. Die *Selbstbeurteilungssucht* ist beispielsweise besonders schwer zu erkennen. Wir alle erliegen der Versuchung, solche Gedanken für die Wahrheit zu halten. »Nach all den Jahren tue ich immer noch dasselbe«; »Ich werde es nie begreifen«; »Ich bin ein hoffnungsloser Fall«; »Ich bin ein schlechter Mensch« – Urteile wie diese kommen aus unseren tiefsten Grundüberzeugungen, den fixierten Urteilen, die wir früh im Leben über uns getroffen haben, als wir mit dem unvermeidlichen Gefühl der Trennung und des Uns-schützen-Müssens konfrontiert wurden, das wir alle spüren. Diese Überzeugungen sind immer negativ gefärbt, sie gleichen einer dunklen Brille, durch die wir die »Realität« interpretieren. Diese Negativfilter, die Ergebnisse von unerfreulichen Erfahrungen in der Vergangenheit, gestalten unsere Wirklichkeit, auch wenn sie sie weder unmittelbar noch akkurat wiedergeben. Überzeugungen wie »Dem werde ich nie gewachsen sein«; »Ich werde immer allein sein«; »Würden die Menschen mich wirklich kennen, würden sie sehen, dass ich ein Nichts bin« mögen trivial klingen, doch sie verdanken ihre vernichtende Macht dem Umstand, dass ihre »Wahrheit« nicht hinterfragt werden kann. Wir akzeptieren sie als Wirklichkeit. Auf diese Weise bleibt unser Leben ein unbefriedigendes Puzzle.

Es ist wichtig, diese Gedanken genau zu benennen, sonst werden wir weiter an sie glauben. Was geschieht, wenn diese

Urteile nicht hinterfragt werden? Sie fahren fort, unser Leben zu beherrschen. Sobald wir unsere Urteile über uns selbst als das durchschaut haben, was sie sind – nichts weiter als Meinungen –, wenden wir uns wieder unserer bewussten Wahrnehmung zu und fragen uns, wie es sich körperlich anfühlt, an ihnen festzuhalten. Es bedarf, wie schon erwähnt, der Genauigkeit, um bei den Sinnesempfindungen zu bleiben und der Versuchung zu widerstehen, über sie nachzudenken. Sobald wir wieder unseren urteilenden Gedanken auf den Leim gehen, ergehen wir uns mit hoher Wahrscheinlichkeit in Schuld- und Schamgefühlen und bestätigen zu guter Letzt die »Wahrheit« der Gedanken, statt die Gefühle zu erleben.

Das führt uns zu einer unserer stärksten Süchte: *der Abhängigkeit von unseren emotionalen Zuständen*. Denken Sie an das letzte eindringliche Gefühl, das Sie hatten. Erschien es Ihnen in diesem Augenblick nicht als die Wirklichkeit? Wenn wir verzagt sind, glauben wir tatsächlich, dass wir nie gut genug sein oder zu den anderen dazugehören werden, dass uns nie etwas gelingen wird und dergleichen mehr. Wenn wir in Angst oder Verwirrung stecken, ist es schwer zu begreifen, dass es sich nur um einen vorübergehenden Zustand handelt. Die Emotionen erscheinen substanziell und dauerhaft. Da sie nichts Tröstliches enthalten, fühlen sie sich vielleicht nicht einmal wie eine Sucht, sondern eher wie eine Barriere zwischen uns und unserem Glück an. Aber sie sind nur so lange eine Barriere, bis wir sie durchschreiten. Dann merken wir, dass unser emotionaler Zustand nur eine Krücke ist, die unsere Identität zusammenhält, eine Krücke, von der wir abhängig geworden sind.

Zu den Süchten, die am schwersten zu erkennen sind, gehört *die Abhängigkeit von unseren Rollen und Identitäten* – dem, wer wir zu sein glauben. In jedem beliebigen Augenblick haben wir eine und gewöhnlich mehrere mentale Vorstellungen davon, wer wir sind. Einige Identitäten sind konkret, wie etwa die Rolle eines Vaters, einer Mutter oder eines Schülers. Andere gründen mehr auf Bildern: Wir halten uns für klug, freundlich oder spirituell. Gewöhnlich sind wir blind für unsere Identitäten und damit für ihren Abhängigkeitscharakter. Wenn wir uns beispielsweise die Identität eines spirituellen Menschen zugelegt haben, beziehen wir vielleicht unwissentlich gute Gefühle daraus, Teil von etwas zu sein, das größer ist als wir selbst. Ebenso könnten wir uns die beruhigende Identität zulegen, ein fleißiger, hart arbeitender oder tiefgründiger Mensch zu sein. »Recht zu haben«, viel zu tun zu haben und produktiv zu sein verschafft uns zweifellos gute Gefühle. Fragen Sie sich, worin Ihre Identität genau in diesem Augenblick besteht. Können Sie ihren Suchtcharakter spüren? Können Sie spüren, wie Sie sich an sie klammern, um sich wohl zu fühlen?

Der *theoretische* Aspekt der Übungspraxis besteht darin, diese schwer zu sehenden Identitäten klar und deutlich zu erkennen. Der praktische oder *empirische* Aspekt kommt ins Spiel, wenn unsere Identitäten bedroht werden und die Strategien, mit deren Hilfe wir uns zusammenhalten, versagen. Hier haben wir die Chance, mit dem Gefühl des Abgrunds zu arbeiten, an dem unsere Krücken versagen. Unglücklicherweise ist das genau der Ort, wo wir uns nicht aufhalten wollen, weil wir auf den Grundschmerz zurückgeworfen werden, uns unwürdig, gesichtslos und isoliert zu fühlen. Doch wenn wir hier bereitwillig bleiben, werden wir entdecken, dass unser Grundschmerz nichts Substanzielles ist. Letztlich sehen wir, dass das, was wir unser Leben lang vermeiden wollten, nichts weiter als ein Komplex aus Vorstellungen, unangenehmen Empfindungen und alten Erinnerungen ist. Dieses Verständnis bleibt uns jedoch verwehrt, solange wir an der Krücke unserer Identitäten festhalten. Die Quintessenz des Übens besteht letztlich darin, das Anhaften an Identitäten aufzugeben und zu lernen, niemand zu werden.

Ich will damit nicht ein neues Ideal von »niemand Besonderer sein« aufstellen. Wir haben bereits genug idealisierte Bilder davon im Kopf, wer wir sein sollten. Wie viele Menschen sind beispielsweise der Ansicht, dass das spirituelle Ideal darin besteht, dem Tod oder der Feindschaft furchtlos ins Auge zu blicken? Eine solche Sicht beinhaltet immer noch Ideale und künstliche Identitäten. Wirkliche Freiheit liegt darin, sich mit Feindschaft auseinander zu setzen, ohne furchtlos sein zu *müssen*, ohne süchtig nach der Identität der »Furchtlosigkeit« zu sein.

Selbstverständlich sind wir *abhängiger von der Angst* als der Angstfreiheit. Achten Sie einmal darauf, welchen großen Teil des Tages Sie an Ihren Ängsten festhalten, besonders der Angst, die Kontrolle zu verlieren. All unser »Was ist wenn«-Denken fällt in diese Kategorie. Was, wenn ich es nicht richtig mache? Was, wenn es wehtut? Was, wenn ich schlecht aussehe? Solche Gedanken gründen mehr darauf, eine vorgestellte Zukunft kontrollieren zu wollen, als auf dem, was jetzt passiert. Es ist entscheidend, diese Gedanken ausfindig zu machen, indem wir fragen: »Worin besteht meine vorherrschende Überzeugung genau in diesem Augenblick?«

Wenn wir die Gedanken erkannt haben, bleiben wir einfach weiter sitzen und nehmen bewusst wahr, was genau *jetzt* geschieht; wir machen uns die intensiven physischen Empfindungen der Angst bewusst – die Angespanntheit, Übelkeit, das Gefühl zunehmender Enge. Wir könnten die Übungsfrage oder das Koan verwenden: »Was *ist* dieser Augenblick?« Was geschieht, wenn wir das tun? Die Antwort darauf zu finden ist das, worum es beim Üben eigentlich geht.

Wie schon erwähnt, läuft das Üben schlicht und einfach auf Folgendes hinaus: Erstens müssen wir das mentale Geschehen durchschauen und die erfundene Geschichte des »Ich« fallen lassen. Worin besteht diese Geschichte? Sie besteht aus unserer Abhängigkeit von unserer Bequemlichkeit, unseren Gedanken, Selbstbeurteilungen, Gefühlen, Identitäten und Ängsten.

Wie können wir die Geschichte des »Ich« fallen lassen? In einem Baseball-Film, der unlängst in die Kinos kam, steht der beste Pitcher am entscheidenden Punkt des Spiels dem besten Schlagmann gegenüber. Der Pitcher hat Mühe, sich zu konzentrieren. Er denkt daran, was geschieht, wenn der Schlagmann den Ball trifft, und ist abgelenkt von den 50 000 johlenden und winkenden Fans. Er sagt zu sich selbst: »Mach die Bahn frei!« Plötzlich verstummt der Ton. Obwohl die Fans im Film immer noch toben und winken, hört man sie nicht mehr. Darin spiegeln sich die Vorgänge im Innern des Pitchers, der sich von seinem eigenen emotionalen Lärm befreit. Dann sagt er zu sich selbst: »Jetzt wirfst du den Ball einfach dem Catcher zu, so wie du es schon Millionen Male zuvor getan hast.« Indem er »die Bahn frei macht«, wendet er seine Aufmerksamkeit von dem mentalen Lärm des »Ich« ab: den angstbesetzten Gedanken an ein vorgestelltes Ergebnis oder dem Bild, ein Star oder jemand Besonderer zu sein. Danach kann er sich auf die unmittelbare Erfahrung einlassen, den Ball zu werfen.

Sobald wir gelernt haben, unserem inneren Lärm keine Aufmerksamkeit mehr zu schenken, können wir »die Bahn frei machen« und die Geschichte des »Ich« fallen lassen. Dann wird es möglich, in die vorstellungsfreie Welt des bewussten Wahrnehmens einzutreten, das Schweigen der Wirklichkeit-wie-sie-ist. Das heißt nicht, dass es in unserem Leben kein Schlamassel mehr geben wird, sondern nur, dass wir nicht mehr so sehr daran haften. Wir werden immer konditionierte Wesen in einer konditionierten Welt bleiben. Aber wir können lernen, die Wolken der Konditionierung einfach als Wolken und immer mehr vor dem Hintergrund des Himmels zu sehen. Dazu brauchen wir die Genauigkeit des Übens. Wir müssen unsere Süchte und Abhängigkeiten als das sehen, was sie sind – Identitäten, Gedanken und andere mentale Konstrukte, die wir für wahr halten –, und mit ihnen arbeiten. Zu guter Letzt müssen wir verstehen, was sie nicht sind: die Wahrheit über uns und das Leben.

9

»Ach so«

Es gibt die berühmte Geschichte vom Zen-Meister Hakuin, der zu Unrecht angeklagt wurde, der Vater eines Kindes zu sein, das ein Bauernmädchen am Ort zur Welt gebracht hatte. Als man ihn mit der Anschuldigung und dem Kind konfrontierte, sagte er einfach: »Ach so« und nahm das Kind in seine Obhut. Nach einiger Zeit kam die Mutter – geplagt von Schuldgefühlen und Gewissensbissen – zu ihm, beichtete ihm die Wahrheit und erbat ihr Kind zurück. Hakuin sagte wieder: »Ach so« und gab der Mutter das Kind zurück, das er geholfen hatte aufzuziehen. Das sind die Art Geschichten, die wir alle lieben, nicht zuletzt deshalb, weil sie unseren romantischen Vorstellungen vom Übungsweg entsprechen. Sie beschwören ein idealisiertes Bild dessen herauf, wie wir uns verhalten werden, wenn wir »die Sache wirklich durchdrungen haben«.

Wir wissen nicht, ob sich diese Geschichte tatsächlich zugetragen hat oder nicht. Es spielt auch keine Rolle. Es ist nur von Belang, ob wir sie benutzen, um unsere Illusionen über den Übungsweg zu stützen oder aufzulösen, insbesondere jene, die ein Bild davon geben, wie wir irgendwann einmal in der Zukunft sein sollten, wenn wir »alles begriffen haben«. Es besteht natürlich immer die Gefahr, dass wir versuchen werden, einem Bild davon zu entsprechen, wie wir sein sollten. Doch was ist daran verkehrt? Brauchen wir denn keine Inspiration von anderen? Sollten wir nicht danach streben, wie Hakuin zu werden? Wird uns das nicht motivieren, ernsthafte Anstrengungen zu unternehmen, uns zu verändern und so gelassen und stark wie dieser gute Mönch zu werden?

In Wahrheit spricht diese Geschichte zwei verschiedene Seiten in uns an. Sie spricht unser höheres Streben an, indem sie uns zeigt, dass es ein größeres Bild vom Leben *gibt*, aber sie kitzelt auch unseren kleinen Geist heraus, der sofort wieder mit einem neuen Rezept aufwartet, wie wir dem Leben, das uns nicht besonders gut gefällt, entrinnen können. Zweifellos versuchen die meisten Menschen, sich auf diese Weise zu ändern und anzupassen. Wir folgen unserem Ego und unserem Willen und versuchen, ein Bild nach dem anderen von dem zu erfüllen, was wir für ein »spirituelles Leben« halten. Doch indem wir uns auf diese Art ändern und unseren zahllosen Idealen nachkommen wollen, wenden wir uns fast immer vom Leben ab, das unmittelbar vor uns liegt. Idealen zu entsprechen ist einfach nur eine weitere subtile Methode, unserem Leben, wie es ist, Widerstand zu leisten. Es hält uns davon ab, uns auf *das* Leben einzulassen, das wir nicht wollen – jenes, in dem wir nicht gelassen, stark und mitfühlend sind.

Hakuin hätte das Kind zurückweisen und der Mutter stattdessen helfen können, zu lernen, selbst verantwortlich für es zu sorgen. Aber würde uns die Geschichte immer noch gefallen, wenn sie kein romantisches Ideal enthielte, an das wir uns klammern können? Würde sie uns auch noch dann ansprechen, wenn sie das Schlamassel des täglichen Lebens abbilden würde, dessen schnelle Bewegung sich nie auf eine Formel wie »Ach so« reduzieren lässt? Nur indem wir beim Trubel des Alltags bleiben, können wir wirkliche Wertschätzung und Übungspraxis lernen. Notwendig dafür ist, dass wir die Filter unserer Meinungen und Urteile, Ideale und Erwartungen aufgeben. Doch unsere Filter aufzugeben ist das, was wir am wenigsten wollen, besonders wenn es sich um unsere Ideale im Hinblick auf die Übungspraxis handelt.

An welchen Idealen halten Sie genau jetzt fest? Welche Bilder und Erwartungen tragen Sie an Ihr Üben heran? Hegen Sie immer noch die tief verwurzelte Überzeugung, dass Sie, wenn Sie lange und angestrengt genug meditieren, den Schlüssel zum Himmelreich finden und frei von Leiden sein werden? Hegen Sie zumindest die Erwartung, wieder in Ihre Mitte zu kommen und Ihren Akku aufzuladen, wenn Sie meditieren? Erhoffen Sie sich, friedlich zu werden oder wenigstens nicht so verwirrt zu sein? Glauben Sie, dass ein Gespräch mit einem Lehrer Ihre Probleme auf irgendeine Weise lösen könnte? Haben Sie die Vorstellung, dass Ihr Lehrer sich auf eine bestimmte Art verhalten oder nicht verhalten sollte? Also noch einmal: An welchen spezifischen Idealen halten Sie genau jetzt fest?

Die einfachste Methode, diese Ideale ausfindig zu machen, ist, alles, was Sie im Zusammenhang mit Ihrer Übungspraxis aufregt, genau unter die Lupe zu nehmen. Emotionaler Unfrieden ist ein Signal, dass wir unser Dasein durch den Filter eines Ideals, eines Bildes oder einer Erwartung erleben. In einer solchen Situation brauchen wir uns nur zu fragen: »Wie sollte es denn sein?« Diese Frage macht uns auf die Bilder und Forderungen aufmerksam, aus denen heraus wir leben. Das Üben besteht darin, kontinuierlich zu beobachten, wie diese Bilder uns davon abhalten, uns einfach auf das einzulassen, was *ist.* Dann wenden wir uns wieder dem bewussten Wahrnehmen mit der Frage zu: »Wie ist es *wirklich*?« Das erlaubt uns, das Beben der Angst zu spüren, das entsteht, wenn wir es wagen, ohne die Behaglichkeit von Rezepten und Idealen auszukommen. Auf diese Weise nehmen wir den Abgrund des Nichtwissens, wohin wir uns wenden sollen oder was richtig ist, bewusst wahr. Wenn wir an diesem offenen Ort bleiben können, werden wir die Wahrheit des Augenblicks entdecken.

Wer will das schon? Wenn wir ehrlich sind, niemand. Wir möchten lieber in der vermeintlichen Behaglichkeit unserer Fantasien leben. Aber der Weg fordert, dass wir *sämtliche* Bilder untersuchen, auch jene, die sich auf die Übungspraxis beziehen. Also fragen wir uns: Worum geht es beim Sitzen und Meditieren wirklich? Was versuchen wir bei spiritueller Praxis eigentlich zu tun? Wie steht es mit den Formen und Ritualen unserer jeweiligen spirituellen Schule? Zweifellos können sie helfen, unser Bestreben zu stärken; aber *an und für sich* haben diese Formen und Rituale wenig damit zu tun, die Wahrheit zu sehen. Sie sind nicht von sich aus magisch, aber wir hegen oft magische Gedanken im Zusammenhang mit ihnen. Wie unsere Sitzhaltung ist, wie oder ob wir uns verneigen, ob wir Gewänder tragen oder nicht, wie wir die Zeremonien durchführen – benutzen wir diese Dinge wirklich als Hilfestellung, um uns mit dem zu verbinden, was ist, oder als

Methode, uns zu verstecken? Erleben wir gute Gefühle und Sicherheit, wenn wir die Identität eines »Zen-Schülers« oder eines »tibetanischen Buddhisten« aufrechterhalten oder an irgendeinem romantischen Glauben über den spirituellen Weg festhalten? Verschafft es uns Sicherheit, uns als Teil eines größeren Ganzen zu fühlen oder zu glauben, dass wir auf die richtige Weise üben?

Viele Menschen, die sich für spirituell halten, nehmen neue oder exotische Namen an. Nach vielen Jahren des Bestrebens, frei zu werden, fügen einige als Markenzeichen ihres Status und ihrer Leistung ihrem Namen sogar einen Titel hinzu. Dienen diese gut gemeinten Namen und Titel dazu, noch auf eine weitere Identität hereinzufallen – eine, die zwar subtiler und erhabener, aber dennoch nur eine Identität ist? Es ist so leicht, uns selbst zu betrügen, dass wir tatsächlich den Eindruck haben und meinen können, wir seien anders, nur weil wir uns jetzt »Buddhist« oder »Sensei« nennen. Wenn wir diese Identitäten für wahr halten, verstärken sie genau die Täuschung, die wir auflösen wollen.

Benutzen wir die Formen und Praktiken, um das ängstliche Beben des Seins oder das Gefühl zu vermeiden, dass wir keinen festen Halt haben? Oder um der Erfahrung aus dem Weg zu gehen, dass wir nicht wissen, wie wir sein oder was wir tun sollen? Je länger wir Anhänger einer bestimmten spirituellen Schule sind, desto leichter ist es, sich hinter der Routine, dem richtigen Tun und insbesondere dem richtigen Reden zu verstecken. So versuchen wir, die Kontrolle zu behalten, den gegenwärtigen Augenblick zu vermeiden und nicht in Kontakt mit unserem Grundschmerz zu kommen.

Die wirkliche Frage lautet jedoch, ob wir die verschiedenen Formen und Praktiken benutzen, um ein wahres Verständnis dessen zu fördern, worum es in unserem Leben geht, oder um es zu trüben. In dem Maße, wie wir diese Formen *für wahr halten*, uns mit ihnen identifizieren, gute Gefühle und Sicherheit in ihnen finden und vor allem das Bedürfnis verspüren, sie als den richtigen oder einzigen Weg zu verteidigen, begünstigen sie nicht länger eine offene oder uns wandelnde Übungspraxis.

Um es noch einmal zu wiederholen: Welche Ideale, Bilder, Erwartungen hegen Sie im Hinblick auf die Übungspraxis? Inwieweit bleiben diese Bilder häufig unterhalb der Bewusstseinsschwelle, während sie dennoch das Spiel regieren? Gerade weil wir sie als »spirituell« betrachten, entziehen sie sich so stark. Doch wenn wir auf unsere emotionalen Überreaktionen achten – indem wir die Frage stellen: »Wie sollte es denn sein?« –, finden wir den Weg zur Offenheit und Klarheit.

Wir *alle* leben aus Bildern. Solange wir nicht wissen, worin sie bestehen, werden wir die Wirklichkeit weiterhin durch den Filter dieser selbst auferlegten mentalen Konstrukte erleben und fortfahren, uns von der klaren Erkenntnis dessen abzuschneiden, worum es in unserem Leben eigentlich geht. Unsere Lebensaufgabe heißt: sehen und lernen. Registrieren Sie Ihre Ideale und Erwartungen. Beobachten Sie Ihre gewohnten Muster. Nehmen Sie Ihre emotionalen Reaktionen wahr. Sehen Sie sie als das, was sie sind. Das ist der Weg zur Wandlung und zur Freiheit.

10

Mit Geld üben

Ein Mann fragte einen Zen-Lehrer, ob er sein Schüler werden dürfe. Der Lehrer stimmte zu und sagte, dass er ihm 500 Dollar im Monat zahlen müsse. Nachdem sich der Schüler einverstanden erklärt hatte, übte er in den folgenden drei Monaten mit aller Kraft. Doch währenddessen wurde er immer wütender, bis er seinem Lehrer eines Tages empört verkündete: »Eine spirituelle Unterweisung sollte kostenlos sein. Warum verlangen Sie so viel Geld von mir? Es ist einfach nicht in Ordnung, und unter diesen Umständen kann ich nicht Ihr Schüler bleiben.«

Er verließ den Lehrer und versuchte, auf eigene Faust weiterzumachen. Nach einiger Zeit erkannte er jedoch, dass er ein gewisses Maß an Unterweisung brauchte, und wandte sich an den nächsten Lehrer. Beim ersten Gespräch berichtete er diesem, wie ärgerlich er gewesen war, dass der andere Lehrer Geld von ihm gefordert hatte, auch wenn er sich aufgrund dessen viel Mühe beim Üben gegeben hatte. Der zweite Lehrer erwiderte: »Einverstanden. Sie können mein Schüler werden. Wir werden sehen, wie Sie vorankommen. Sie müssen nichts bezahlen. Selbst das Bezahlen von Retreats ist Ihnen freigestellt.«

Erleichtert begann der Mann, sich von seinem neuen Lehrer unterweisen zu lassen. Doch schon bald stellte er fest, dass er sich nicht mehr so viel Mühe gab wie zuvor. Nach einigen Monaten rief der Lehrer ihn zu sich und erklärte: »Ich glaube, es wäre am besten, wenn Sie aufhören würden.« Ein wenig verdutzt fragte der Schüler: »Aber warum denn?« Der Lehrer antwortete: »Sie sagten, dass die Unterweisung Ihrer Ansicht nach kostenlos sein sollte, aber Ihr Verhalten zeigt, dass Sie nicht bereit sind, ernsthaft zu üben, solange Sie kein Geld zahlen.«

Was lehrt uns diese Geschichte über unsere eigene Situation? Macht sie uns deutlich, welche Vorstellungen wir von der Beziehung zwischen Geld und spiritueller Unterweisung haben? Einerseits kann es leicht den Anschein haben, als würden Geld und Spiritualität nicht zusammenpassen, andererseits schätzen wir Dinge oft nur im Verhältnis zu dem Geld, das wir für sie bezahlt haben.

Im Alltag spielen Geldfragen neben sexuellen Fragen unzweifelhaft eine dominante Rolle. Doch nur selten betrachten wir das eine oder andere unter Übungsgesichtspunkten. Wir glauben, Geldangelegenheiten seien es nicht wert, »spirituell« betrachtet zu werden. Wenn wir jedoch bedenken, wie viel von unserem täglichen Lebensstress mit Geld zu tun hat, ist es bedauerlich, dass wir dazu neigen, diesen bedeutsamen Bereich des Übens auszuklammern. Geldangelegenheiten bieten ein besonders reichhaltiges Übungsfeld, weil unsere Beziehung zu Geld hauptsächlich von unbewussten Überzeugungen und Verhaltensweisen gesteuert wird. Bei Geldangelegenheiten geht es selten einfach nur um Geld.

Wir müssen immer wieder darauf zurückkommen, was der

Sinn und Zweck der Übungspraxis ist. Ihr Ziel ist Freiheit – Freiheit von *all* unseren beschränkten Ansichten, Identitäten, Konstrukten und Strategien. Was nützt es, zu sitzen und zu meditieren und großartige Erfahrungen zu machen, wenn uns die Sorge um unsere finanzielle Situation quält, sobald das formelle Üben endet? Das Üben umfasst alles, selbst die profane Welt des Geldes. Solange wir von unseren tief verankerten Glaubenssätzen über Geld und unserem stark konditionierten Verhalten nicht loskommen, können wir nicht wirklich frei sein.

Worin besteht das Üben mit Geld? Zunächst einmal müssen wir erkennen, womit wir es zu tun haben, indem wir unsere Vorstellungen über Geld genau unter die Lupe nehmen. Wir können beginnen, sie ausfindig zu machen, indem wir uns Fragen wie diese stellen: Neige ich zu Angst und Stress im Umgang mit Geld? Lösen Geldangelegenheiten Gefühle von Kontrollverlust, Chaos, Gefahr oder Untergang aus? Wenn dem so ist, welche Strategie wende ich an? Übermäßige Sparsamkeit, panische Sorge, Rückzug in Hoffnungslosigkeit? Wie viel von dieser Strategie gründet auf Angstprojektionen, die fast keinen Bezug zu dem haben, was tatsächlich genau jetzt geschieht?

Stellen Sie sich in dieser Hinsicht Beispiele vor, die Sie kennen: Sie bekommen nicht die Stelle, die Sie haben wollen, Sie verlieren Ihre Arbeit, haben Schwierigkeiten, eine Hypothek abzuzahlen, sind nicht in der Lage, Ihre Rechnungen zu begleichen, machen Verluste an der Börse, über Ihnen schwebt eine Klage oder Sie gehen durch das finanzielle Schlamassel einer Scheidung. Wenn Sie sich in einer dieser Situationen befinden, wird das wahrscheinlich viele gefühlsbesetzte Vorstellungen mit sich bringen. Ebenso verfügen wir über typische Bewältigungsmethoden, konditionierte Strategien, um mit finanziellen Schwierigkeiten umzugehen. Unsere Übungspraxis muss mit der Einsicht beginnen, dass das Identifizieren ebendieser Glaubenssätze und Strategien und die Arbeit mit ihnen *unser Übungsweg ist*. Dann können wir beginnen, unsere Angst zu beobachten und mit ihr zu arbeiten, statt blind auf sie zu reagieren.

Selbst wenn sich die Angst nicht direkt an der Oberfläche zeigt, kann sie dennoch das Spiel regieren. Halten Sie Geld beispielsweise für ein schlichtes Mittel der Zerstreuung, das Sie mit vollen Händen zu Unterhaltungszwecken ausgeben sollten? Das könnten Sie sogar unter dem Deckmantel der Freiheit tun, indem Sie vielleicht sagen und glauben: »Ich bin spontan, weil ich mich nicht von Geldsorgen einengen lasse.« Wenn diese Einstellung für Sie zutrifft, können Sie, wenn Sie sich wirklich anschauen, was Sie tun, möglicherweise in Ansätzen sehen, wie das Geldausgeben in Wirklichkeit Ihr Versuch ist, dem gegenwärtigen Augenblick zu entrinnen und das ängstliche Beben des Seins zu betäuben.

Einige Menschen sind der Ansicht, Geld sei auf irgendeine Weise schmutzig. Das ist das Erbe der Puritaner, die Geld und »Spiritualität« voneinander trennten und einen falschen Gegensatz zwischen Geld und Moral aufstellten. Vielleicht hegen Sie eine abgeschwächte Version dieses Glaubens in Form von »Ich habe nichts, ich will nichts«. Diese Empfehlung, ein einfaches Leben zu führen, kann wie Zen klingen, aber solange es ein konditionierter Glaube ist, der auf

Angst gründet, leben wir immer noch aus der Forderung, wie das Leben sein *sollte*. In diesem Fall sind wir durchaus nicht frei. Wir müssen das leidenschaftslose, aber engagierte Auge des Übens benutzen, um die Glaubenssätze aufzuspüren, die wir blindlings hegen.

Wir alle sind das Produkt unserer kulturellen Wurzeln. In den Vereinigten Staaten versuchen viele Menschen immer noch, die widersprüchlichen Überzeugungen des puritanischen und calvinistischen Erbes unter einen Hut zu bringen. Eine wenig bekannte Tatsache ist, dass die Puritaner eine offenere Gesellschaft anstrebten, in der sich die Menschen umeinander kümmerten. Die Betonung lag auf spirituellem statt materiellem Reichtum. Direkt neben diesem puritanischen Strang gab es die calvinistische oder protestantische Arbeitsethik, die das individuelle Bemühen und den Materialismus in den Vordergrund stellte. Als Kinder ihrer Kultur können sich die heutigen Amerikaner den widersprüchlichen Werten dieser beiden starken Einflüsse unmöglich entziehen.

Das drückt sich in folgendem Witz aus. Das neue Mitglied einer Kirchengemeinde geht nach der Predigt zum Geistlichen und sagt: »Sie haben heute eine verdammt gute Predigt gehalten.« Der Geistliche erwidert feierlich: »Solche Ausdrücke sind bei uns verpönt. Wir fluchen nicht.« Das neue Mitglied antwortet: »Ich weiß nicht, wie ich es anders sagen soll – es war einfach eine so *verdammt* gute Predigt.« Der Prediger erklärt verstimmt: »Es tut mir Leid, aber wenn Sie bei uns Mitglied sein wollen, dürfen Sie solche Worte nicht in den Mund nehmen.« Der Mann zuckt mit den Schultern und antwortet: »In Ordnung, aber es war eine so verdammt gute Predigt, dass ich Ihnen einen Scheck über 5000 Dollar in den Klingelbeutel gelegt habe.« Da ruft der Prediger aus: »Das ist verdammt nett von Ihnen!«

Je mehr wir uns selbst beobachten, desto deutlicher wird uns, dass es viele »Ichs« gibt, die sich oft gegenseitig widersprechen. Einige Menschen hegen vielleicht die unbewusste Meinung, Geld sei irgendwie schmutzig, und gleichzeitig schätzen sie die Dinge nur im Verhältnis zu dem Geld, das sie dafür ausgegeben haben. Wichtig ist, bei unserer Selbstbeobachtung präzise zu sein und unsere Gedanken über Geld deutlich zu benennen. Einige Beispiele: »Wenn ich meine Finanzen erst einmal im Griff habe, werde ich mich sicher fühlen und imstande sein, mich zu entspannen«; »Ich werde nie in der Lage sein, allein für mich zu sorgen«; »Es ist besser, das Geld mit vollen Händen auszugeben und sich zu amüsieren, als kleinlich und sparsam zu sein«; »Besser sparen, als sorglos mit dem Geld und der Zukunft umzugehen.« Jedes dieser Beispiele zeigt nicht nur einen anderen Glaubenssatz im Hinblick auf Geld, sondern weist auch auf bestimmte Strategien im Umgang mit dem Leben hin. Und mit jeder Überzeugung und Strategie, der wir blindlings anhängen, beschränken wir unser Leben und engen es ein.

Nur indem wir unsere Überzeugungen und Verhaltensweisen unentwegt *beobachten,* können wir solche Muster aufdecken. Und was dann? Sollten wir versuchen, sie zu ändern? Angenommen, uns wird deutlich, dass wir geizig sind und unser Handeln von der Angst vor Mangel bestimmt ist. Sollten wir dann versuchen, großzügig zu sein? Das wäre sicher unsere gewöhnliche Tendenz, aber sie hat nichts mit dem Üben zu tun. So zu handeln wäre nur die Folge des schonungslosen Urteils über uns selbst, und wir würden versuchen, uns zu ändern und zu bessern. Das Einzige, was der Veränderung bedarf, ist unsere Bewusstheit. Die Übungspraxis besteht darin, unsere Glaubenssätze und Strategien zunächst einmal deutlich zu sehen. Dann müssen wir die Quelle der Angst ausfindig machen, aus der sie sprudeln. Schließlich müssen wir lernen, unsere Angst allmählich bewusst zu erleben, besonders die Angst, die Kontrolle zu verlieren, uns nicht sicher zu fühlen und das Steuer nicht in der Hand zu halten.

Es ist nie leicht, die Angst an uns heranzulassen, weil wir uns instinktiv aufgrund ihrer Unerfreulichkeit von ihr weg bewegen. Gleichwohl ist es von entscheidender Wichtigkeit, dass wir uns unseren blinden Tendenzen und verborgenen Ängsten bereitwillig öffnen. Uns auf diese Weise zu öffnen erfordert Mut, aber es geht nicht um ein gewalttätiges Bemühen. Wir müssen nicht mit uns kämpfen. Vielmehr brauchen wir das sanftere Bemühen des Mitgefühls, das entsteht, sobald wir unsere Konditionierung einfach nur als Konditionierung betrachten.

Wo sind wir ohne diese Art von Bemühen? Was tun wir wirklich? Wir dürfen keinen Bereich unseres Lebens vom Üben ausklammern, noch dürfen wir vergessen, dass wir immer den Preis für das zahlen müssen, was wir tun. Es mag sich bei diesem Preis nicht um Geld handeln, und dennoch müssen wir ihn zahlen. Fragen Sie sich also: »Was ist der Preis des Übens?«

11

Und täglich grüßt das Murmeltier

In dem Film *Und täglich grüßt das Murmeltier* wacht der Protagonist jeden Morgen am selben Ort und zur selben Uhrzeit auf und ist gezwungen, immer denselben Tag zu durchleben – den Tag, an dem das Murmeltier aus dem Winterschlaf erwacht. Ganz gleich, was ihm widerfährt, er landet immer wieder im selben Tag. Und wie er es auch anstellt, ihm gelingt nicht, worauf es ihm ankommt – in diesem Fall die Eroberung seiner Kollegin. Alle klassischen Fluchtstrategien versagen; er wacht am nächsten Tag wieder im alten Schlamassel auf.

Unterdessen gewinnt ein anderer Teil von ihm an Stärke. Von dem Versuch, sich nur seine eigenen Wünsche zu erfüllen, geht er allmählich dazu über, etwas für andere zu tun. Beispielsweise rettet er jeden Tag dasselbe Kind, das zur selben Zeit vom selben Baum fällt. Er nutzt sogar Fähigkeiten, die einst im Dienste seines Ego standen, wie etwas das Klavierspielen, um andere zu unterhalten und nicht nur für sich selbst. Schließlich wird er ganz ohne bewusste Absicht immer lebensbezogener und immer weniger ichbezogen. Und in typischer Hollywood-Manier bekommt er am Ende die Frau. Doch sein eigentlicher Erfolg besteht darin, dass er sich aus den Wiederholungszwängen seiner Persönlichkeit befreit.

Eines der Themen beim Üben ist die allmähliche Entwicklung weg von einem ichbezogenen und hin zu einem stärker lebensbezogenen Dasein. Doch was ist von unseren *Bemühungen* zu halten, lebensbezogener zu werden, indem wir gute Taten tun, anderen dienen oder uns für gute Zwecke einsetzen? Es ist nichts verkehrt an solchen Bemühungen, doch sie werden uns nicht unbedingt zu einem weniger ichbezogenen Leben führen. Warum? Weil wir all das tun können, ohne uns wirklich mit unserem »Selbst« auseinander zu setzen. Oft stehen sogar unsere Bemühungen für gute Zwecke im Dienste unserer Wünsche nach Behaglichkeit, Geborgenheit und Anerkennung. Solche Bemühungen sind immer noch ichbezogen, weil wir versuchen, das Leben unseren Vorstellungen davon anzupassen, wie es sein sollte. Nur wenn wir dieses Selbst durchschauen – das Selbst, das unsere Wiederholungszwänge erzeugt und aufrechterhält –, können wir zu einer lebensbezogeneren Art des Daseins kommen.

Oft mischen sich andere Motive in unseren natürlichen Impuls, gute Taten zu tun. Das ist nicht verwunderlich, wenn wir bedenken, wie oft uns besonders in jungen Jahren die Botschaft eingebläut wird, dass gute Taten *tun* identisch mit gut *sein* ist. Wenn uns gesagt wird, wir seien gut, sobald wir anderen helfen, erhalten wir das ersehnte Lob. Doch sobald wir hilfreiches Verhalten mit unseren eigenen Bedürfnissen verwechseln, verfangen wir uns in einem Muster, das unser authentisches Bedürfnis, Gutes zu tun, untergräbt.

Als ich sechs war, wohnten wir in einem Mietshaus an der Uferpromenade von Atlantic City in New Jersey. Mein Vater betrieb einen Andenkenladen ungefähr zwei Meilen entfernt auf derselben Promenade. In der Saison arbeitete er 14 Stunden am Tag. Da er zum Abendessen nicht nach Hause kommen konnte, kochte meine Mutter ihm jeden Abend eine warme Mahlzeit, die sie in eine braune Papiertüte packte. Meine Aufgabe bestand darin, die Tüte im Korb meines Dreirads auf dem schnellsten Wege zu meinem Vater zu befördern, damit das Essen noch warm war. Ich sehe mich immer noch – einen sehr konzentrierten kleinen Jungen, der nichts weiter im Kopf hatte, als mit seinem Dreirad die Promenade entlangzusausen, damit sein Vater ein warmes Essen bekäme. Zweifellos hatte ich das natürliche Bedürfnis, etwas Gutes zu tun. Aber irgendwann mischte sich mein natürlicher Wunsch, Gutes zu tun, mit dem Wunsch, die Anerkennung und Liebe meines Vaters zu ernten, vielleicht weil ich wiederholt das Lob bekommen hatte, ein »guter Junge« zu sein.

Wir alle haben unsere eigene Version dieses Syndroms, denn als Kinder gehorchen wir innerlich dem biologischen Befehl, uns die Anerkennung und Liebe der Menschen zu erhalten, die für uns sorgen, ganz gleich um welchen Preis. Problematisch wird es, wenn wir als Erwachsene immer noch aus denselben alten Konditionierungen heraus leben – besonders jenen, wie wir sein *sollten* –, ohne uns bewusst zu machen, was hinter unserem Bedürfnis zu helfen steht. Haben wir den Wunsch, als Helfer betrachtet zu werden? Müssen wir das Gefühl und die Überzeugung erleben, tatsächlich Helfer zu sein? Brauchen wir das Empfinden, dass Menschen von unserer »Hilfe« profitieren? Oder dienen wir anderen, um als guter Mensch angesehen zu werden? Helfen wir aus dem Empfinden des »Sollens« heraus? Gelingt es uns zu sehen, wie wir an unserem »Selbst«, unserem Selbstbild, unserer Identität haften? Wer wären wir ohne sie? Welches Loch wollen wir damit stopfen? Wie versuchen wir, die Angst vor der Leere zu vermeiden?

Wenn unsere schützende Identität anfängt zu bröckeln, weil das Loch nicht gestopft wird – wenn wir beispielsweise nicht den erhofften Dank oder die erhofften Resultate bekommen –, reagieren wir emotional mit Enttäuschung oder Ängstlichkeit. Diese Reaktion ist ein unfehlbarer Hinweis darauf, dass wir immer noch irgendwo anhaften. Wir sind von einem Helfer zu jemandem geworden, der das fundamentale Loch der Hilflosigkeit erfahren hat. Aber um frei zu werden, müssen wir uns dieser Hilflosigkeit aussetzen und mit ihr üben.

Wir bringen einen Großteil unseres Lebens damit zu, uns solcher Verhaltensstrategien zu bedienen, mit deren Hilfe wir unseren Schmerz vermeiden oder zudecken können – das tiefe Empfinden grundlegenden Entfremdetseins, durch das wir uns wertlos, hoffnungslos oder von grundlegenden Makeln behaftet fühlen. Wenn unsere Strategie darin besteht, ein Helfer zu sein – wenn wir *unter dem Zwang stehen* zu helfen –, müssen wir Menschen finden, die hilflos erscheinen, oder Situationen, in denen Hilfe geboten erscheint. Es mag in uns auch ein authentisches Bedürfnis zu helfen geben – eines, das nicht auf *unseren* Bedürfnissen gründet –, aber immer wenn wir die Dringlichkeit oder Sehnsucht des Helfens verspüren, wurzeln diese in unserer eigenen Angst, uns mit unserem ungeheilten Schmerz zu konfrontieren. Wenn unsere grundlegende Angst die Angst vor dem Alleinsein ist, welch bessere Vermeidungsstrategie gäbe es dann, als jemanden zu finden, der uns braucht? Wenn wir ein unterschwelliges Gefühl von Wertlosigkeit haben, wie könnten wir dann besser unseren Wert beweisen als dadurch, dass wir gute Taten tun? Wenn wir das Gefühl vermeiden wollen, fundamental machtlos oder uneffektiv zu sein, ist es dann nicht sinnvoll, sich die Identität von jemandem zuzulegen, der Menschen und Ergebnisse durch sein Dienen positiv beeinflussen kann?

Das »Helfer«-Syndrom, das ich beschreibe, richtet seinen Schaden nicht im Äußeren an. Was es gefährlich macht, ist, dass es das Potenzial hat, uns gegenüber dem blind zu machen, was wirklich vorgeht. Doch es ist so leicht zu sehen, wie diese mangelnde Bewusstheit, die sich in unserer Gesellschaft vervielfacht, zu dem sozialen und politischen Chaos führen kann, in dem wir leben. Das Unvermögen, mit unserem inneren Aufruhr zu arbeiten – dem Machtstreben, den ichbezogenen Wünschen nach Besitz, der auf Angst gründenden Gier und dem Kontrollbedürfnis –, hat Hass, Aggression und Intoleranz zur Folge. Darin liegt die Quelle aller Konflikte und Kriege. Ohne *inneres* Verständnis werden wir sowohl auf der individuellen als auch auf der gesellschaftlichen Ebene weiterhin scheitern. Deshalb ist es so wichtig für uns alle, uns immer wieder auf das Üben der Bewusstheit zu besinnen.

Wir müssen zunächst erkennen, dass wir unsere Identität benutzen, um ein Leben zu führen, das primär darauf gründet, ein bestimmtes Maß an Behaglichkeit und Sicherheit zu finden. Aber wir müssen auch bewusst den Grundschmerz wahrnehmen, aus dem dieser Drang kommt. Je mehr wir lernen können, uns diesem Grundschmerz auszusetzen, desto mehr kommen wir mit dem uns angeborenen Mitgefühl in Verbindung. Interessanterweise äußert sich diese Erfahrung unter Umständen nicht in einer Form, die wir konventionell als Mitgefühl betrachten würden. Es gibt die Geschichte von einem Mann auf der spirituellen Suche, der Taxifahrer wurde, nachdem er deutlich die Wahrheit erkannt hatte, in der er nicht mehr von seinen Selbstbildern definiert und begrenzt war. Er wurde fast unsichtbar wie ein weißer Vogel im Schnee und konnte sich anderen einfach durch seine Gegenwart, sein *Sein*, schenken. Es war nichts Besonderes an der Situation.

Die Frage lautet: Wo in unserem Leben tun wir Gutes nur, um mehr oder weniger subtil unser Selbst zu stärken? Wo stehen wir uns selbst im Weg? Wo benutzen wir sogar unsere Identität als spiritueller Mensch oder das gute Gefühl, Teil von etwas Größerem zu sein, um das ängstliche Beben des Seins zuzudecken?

In gewisser Weise wachen wir alle jeden Morgen auf und wiederholen denselben Tag. Wir leben unsere unklare Vorstellung vom Leben – oft umnebelt von unserer endlosen Verwirrung und Ängstlichkeit. Nur gute Taten zu tun oder hingebungsvoll zu meditieren bedeutet nichts, solange uns die schmerzhafte Ehrlichkeit fehlt, die wir brauchen, um uns anzuschauen, was wir tun. Wir müssen unseren Kopf aus dem Sand nehmen und uns all die Methoden anschauen, wie wir uns im Wege stehen – indem wir uns selbst betrügen und uns die Möglichkeit verwehren, ein offeneres und authentischeres Leben zu führen.

TEIL III

Beziehungen

12

Beziehungsprobleme

Warum finden Menschen Beziehungen so schwierig? Viele unserer Probleme im Leben sind unmittelbar Beziehungsprobleme – nicht nur mit unseren Partnern, sondern auch mit unseren Eltern, Kindern, Lehrern, Vorgesetzten und Freunden. Kurz gesagt, mit so gut wie jedem, von dem wir etwas wollen. Hierin liegt der Schlüssel: Fast alle unsere Beziehungsschwierigkeiten entstehen aus dem Wunsch, *etwas oder jemand* möge anders sein. Wenn man das Maß an Leiden bedenkt, das aus Beziehungen entsteht, ist es verwunderlich, dass Buddha sie nicht neben Krankheit, Alter und Tod in seine Liste der wichtigsten Ursachen des Leidens aufgenommen hat. Eines ist sicher: Beziehungen wie auch schwere Erkrankungen konfrontieren uns direkt mit unseren Grenzen. Wie Stephen Levine einmal gesagt hat, sind Beziehungen zwar nicht die einfachste Methode, um Frieden zu finden, aber bestimmt die effektivste, um herauszufinden, was den Frieden behindert.

Der Umstand, dass Beziehungen oft die schmerzhaftesten und ungeheiltesten Aspekte unseres Lebens ans Licht bringen, macht sie potenziell zu mächtigen Lehrern. Aber seien wir ehrlich: Wer will solche Lehrer schon? Was wollen wir wirklich von Beziehungen? Wir wollen, was wir erwarten: jemanden, der unsere Bedürfnisse erfüllt, uns gute Gefühle vermittelt, Geborgenheit, Anerkennung, Zuneigung und Liebe schenkt. Unsere Beziehungen sollen wenigstens teilweise auch unseren Grundschmerz zudecken: das ängstliche Beben des Seins, von dem wir befreit sein möchten. Aber je mehr wir uns darauf verlassen, dass unsere Beziehungen unsere Bedürfnisse befriedigen oder unseren Schmerz lindern, desto mehr verfestigen wir unser Leiden. Ein anderer Mensch kann niemals unseren Grundschmerz heilen, dazu sind nur wir selbst in der Lage. Das hält uns jedoch nicht davon ab, es von anderen zu fordern. Bekommen wir nicht, was wir wollen, beginnen die Beziehungsprobleme.

Sobald ein Konflikt entsteht und wir uns auf irgendeine Weise bedroht fühlen, neigen wir dazu, zu vergessen, dass Beziehungen Werkzeuge zum Erwachen sind. Wir halten hartnäckig an unseren Meinungen, Urteilen und dem Bedürfnis fest, Recht zu haben. Wir schützen und verteidigen unser Selbstbild, kapseln uns ab oder schlagen um uns. Und da wir all diese Reaktionen für die unumstößliche Wahrheit halten, setzt sich unser Leiden fort. Auf diese Weise wird die Enttäuschung, die wir uns selbst und anderen bereiten, zu einem Schmerz, den wir nicht ignorieren können. Das macht Beziehungen als spirituellen Weg so schön: Der Schmerz motiviert uns zu erwachen; die Enttäuschung ist oft unsere beste Lehrmeisterin. An diesem Punkt kann das wirkliche Üben beginnen. Doch diese Sicht von Beziehungen ist eine völlig andere als die, die wir gelernt haben.

Wir haben gelernt, dass Beziehungen dazu da sind, uns Geborgenheit und Sicherheit zu geben. Wir gehen gewöhnlich davon aus, dass sie uns gute Gefühle vermitteln sollen – wir wollen unterstützt, anerkannt, geliebt, genährt oder glücklich gemacht werden. Wir haben die Vorstellung, eine Beziehung werde uns die Last unserer Einsamkeit nehmen.

So gehen wir an Beziehungen heran. Aus diesen Erwartungen, Ansprüchen und Wünschen erwächst das, was wir wollen. Wir haben das Bedürfnis oder *glauben* es zu haben, dass andere sich auf eine bestimmte Weise *verhalten* und *uns* bestimmte Gefühle vermitteln sollen – Sicherheit, Glück oder was auch immer. »Du bist mir wichtig« bedeutet häufig »Ich brauche dich«. Wir interessieren uns für andere, solange sie unser jeweiliges Bedürfnis befriedigen und uns bestimmte Gefühle verschaffen. Darin besteht das Arrangement.

Dieses Arrangement mag eine Zeit lang funktionieren, aber was geschieht, wenn wir nicht bekommen, was wir wollen? Oft sind dann Schmerz, Wut, Groll und Angst die Konsequenz. Vielfach verfallen wir in Vorwürfe, Selbstrechtfertigungen und Machtkämpfe und versuchen, den anderen Menschen unseren Wünschen anzupassen. Im Grunde wollen wir ihn so verändern, dass er unsere Erwartungen und Vorstellungen erfüllt. Was uns in Schwierigkeiten bringt, ist, dass wir das Verhalten des anderen fast immer danach bewerten, was er uns in unseren Augen *vermeintlich* versprochen hat. Diese Versprechen sind natürlich unsere projizierten Erwartungen. Wir bilden uns ein, dass sie gebrochen wurden, während der andere sie uns in Wirklichkeit nie gegeben hat.

Angenommen, wir haben die Erwartung, dass jemand sich um uns kümmern soll. Wenn wir merken, dass das nicht geschieht, interpretieren wir es als eine absichtlich gegen uns gerichtete Handlung und reagieren instinktiv so, als wären wir wirklich in Gefahr. Wir richten Schutzschranken auf oder greifen an, um uns zu verteidigen. Es spielt keine Rolle, dass dieser Machtkampf eine Folge unserer eigenen Erwartungen ist. Wir alle geraten in Beziehungsprobleme auf dieser Ebene und kämpfen darum, das zu bekommen, was wir unserer Meinung nach brauchen oder was uns versprochen wurde. Es kann lange dauern, bis wir einsehen, dass nur endloses Leiden die Folge ist.

Wir betrachten diese Schwierigkeiten als Hindernisse für unser Glück, sogar als Hindernisse auf unserem spirituellen Weg. Gewöhnlich gehen wir mit einer einzigen grundsätzlichen Frage an sie heran: Wie kann ich das aus der Welt schaffen? Aber damit übersehen wir das Wesentliche: Diese Hindernisse und Schwierigkeiten *sind* unser Weg.

Nehmen wir beispielsweise die Menschen, die uns irritieren. Sie sind entweder zu dick oder zu dünn, zu gesprächig oder zu schüchtern, zu verklemmt oder zu locker – zu dies oder zu jenes. Wie verfahren wir, wenn wir diesen Menschen begegnen oder an sie denken? Meistens beurteilen wir sie, reagieren und benutzen unser Unbehagen als Rechtfertigung, um zu versuchen, sie zu verändern. Wir sehen nicht, dass das Problem bei *uns* liegt; *wir* fordern von *den anderen*, anders zu sein. Genauer gesagt, ist diese Situation nicht nur unser Problem, sondern sie ist unser Weg, um zu einem authentischeren Leben zu erwachen.

Schwierigkeiten wie diese sind Beispiele von emotionsgeladenen Forderungen. Immer wenn wir in einer Beziehung eine emotionsgeladene Forderung stellen, ist das ein Signal dafür, dass Üben vonnöten ist. Doch wir müssen dazu bereit sein, auch wenn es für uns schmerzhaft sein mag, uns mit dem ungeheilten Groll und den Grundängsten zu konfrontieren, die mit hoher Wahrscheinlichkeit auftauchen werden, wenn wir merken, dass unsere Erwartungen und Forderungen nicht in Erfüllung gehen. Das Üben besteht darin, uns von den emotionsgeladenen Forderungen mit all dem Leiden, das sie beinhalten, zu verabschieden und aus ihnen bloße Vorlieben oder Präferenzen zu machen. Dazu müssen wir anerkennen, dass wir unsere Liebe nicht von der Erfüllung unserer Bedingungen abhängig machen, auch wenn wir es *vorziehen würden*, dass das Leben oder ein bestimmter Mensch anders wäre. Auf diese Weise bewegen wir uns auf die bedingungslose Liebe zu: Wir arbeiten mit all dem, was wir von uns aus hinzutun und womit wir die Liebe blockieren. Die von uns aufgestellten Bedingungen beiseite zu räumen ist die Art und Weise, wie wir uns der wirklichen Liebe öffnen, die uns bereits mit jedem verbindet. Forderungen in Vorlieben zu verwandeln erlaubt der Liebe, frei zu fließen und sich natürlich zu äußern.

Gleichwohl müssen wir sehen, was wir hinzutun und womit wir den freien Fluss einer offeneren Beziehung verhindern. Haben wir nicht alle Erwartungen im Hinblick darauf, welche Gefühle uns eine Beziehung vermitteln und wie ein anderer Mensch sein sollte? Verstricken wir uns nicht in unseren Überzeugungen – dem Wunsch, Recht zu haben, und dem Versuch, andere so zu verändern, dass sie unsere Erwartungen erfüllen? Identifizieren wir uns mit anderen nicht so sehr, dass wir sie benutzen, um unsere Bedürfnisse zu erfüllen? Auf diese Weise geraten wir auf den unerbittlichen Kollisionskurs, den man Machtkampf nennt. In dem Maße, wie es uns an Bewusstheit fehlt und wir mechanisch unsere Konditionierung ausagieren, sind wir gezwungen, uns auf diesen vorhersagbaren Weg zu begeben. Wenn zwei Menschen, die sich selbst nicht kennen, miteinander in Konflikt geraten, ähnelt das Resultat einem Zusammenstoß von Maschinen. Eine solche Kollision macht fast immer blind, denn selbst wenn wir problemlos sehen können, wie wenig bewusst der *andere* ist, bleiben unsere eigenen blinden Flecken uns definitionsgemäß verborgen. Solche Konflikte sind jedoch Hinweise darauf, dass wir im Dunkeln tappen. Zu reagieren oder, besser gesagt, an unsere Reaktionen zu glauben, ist das Zeichen, dass wir zumindest partiell blind für das sind, was wirklich vorgeht.

Nehmen wir beispielsweise ein Paar, das sich in der blinden Leidenschaft einer romantischen Liebe zusammentut. Beide haben Bedürfnisse und persönliche »Ansprüche« – wollen Aufmerksamkeit, Interesse, Anerkennung. Am Anfang mag es den Anschein haben, als könnten sich beide ihre Ansprüche gegenseitig erfüllen. Aber die Enttäuschung stellt sich unweigerlich ein, wenn der erste Zauber verfliegt und deutlich wird, dass die Befriedigung der Bedürfnisse des Partners bei beiden nicht an erster Stelle steht.

Dieses Szenario lässt sich auf grundlegende Mechanismen zurückführen. Ein Mensch, blindlings getrieben von seinen eigenen vermeintlichen Bedürfnissen, trifft auf einen anderen Menschen, der ebenso mechanisch von seinen Bedürfnissen gesteuert ist. Werden ihre Bedürfnisse nicht befriedigt, kommt es zum Konflikt. Entstehen nicht die meisten Machtkämpfe daraus, dass wir uns einbilden, der andere habe seine Vereinbarung nicht eingehalten, uns das zu geben, was wir unserer Meinung nach brauchen – etwas, was er uns nie versprochen hat? Wenn wir mit Angst, Verletzung und Ärger reagieren, behandeln wir den anderen, als wäre er unser Feind. Bewusstheit in eine Beziehung zu bringen beinhaltet, dass wir die Tendenz, unsere Erwartungen zu projizieren, erkennen und unsere blinden Reaktionen beobachten, wenn diese Erwartungen nicht in Erfüllung gehen. Wir können dann unsere Überreaktion als Wecksignal benutzen, um aus unserem blinden, mechanischen Verhalten zu erwachen. So beginnen wir zu üben.

Wir müssen zunächst lernen, andere nicht mehr anzuklagen, wenn wir mitten in der Aufregung oder einem Konflikt stecken. Dazu ist die Einsicht nötig, dass unser *gesamter* emotionaler Unfrieden eine Folge dessen ist, was wir in die Situation hineintun. Es mag leicht sein, das intellektuell zu erkennen, aber es ist sehr schwierig, sich mitten im Konflikt daran zu erinnern und es anzuwenden. Wir müssen lernen, uns selbst zuzuhören, und erkennen, dass Aussagen wie »Ich ertrage es nicht, wenn er sich so verhält«; »Das muss ich mir nicht bieten lassen«; »Das ist nicht richtig« und »Das ist unfair« unsere eigenen tief verwurzelten Vorstellungen und keine objektiven Wahrheiten sind. So fangen wir an, den Schmerz unserer Schutzhaltung bewusst wahrzunehmen. Auf diese Weise benutzen wir den Schmerz als Chance, um mit unserem eigenen Unfrieden zu arbeiten, selbst wenn wir nichts lieber täten, als jemandem oder etwas anderem die Schuld zuzuweisen.

Sobald wir begreifen, dass wir uns mit unserem eigenen »Stoff« auseinander setzen und arbeiten müssen, beginnen wir ganz von selbst, bestimmte Fragen in unsere Übungspraxis mit einzubeziehen. Wenn wir lernen, die körperliche Spannung unserer emotionalen Reaktionen zuzulassen, wenn wir uns selbst bei unseren Anklagen zuhören und uns dabei zuschauen, wie sehr wir unseren gereizten Gedanken Glauben schenken möchten, fangen wir an, uns zu fragen: »Was geht jetzt gerade vor?« »Wie ›sollte‹ es sein?« Diese Fragen führen uns zu unseren *eigenen* Erwartungen, Forderungen, Wünschen und Fantasien.

Oft führen sie uns zu unseren tiefsten Glaubenssätzen, wie etwa: »Ich bin ein hoffnungslos schrecklicher Mensch« oder »Ich bin nicht liebenswert«. Überzeugungen wie diese beruhen immer auf alten Erinnerungen und ungeheiltem Schmerz. Sobald wir das Anklagen und Verteidigen einstellen und anfangen, diese tief gehegten Glaubenssätze einigermaßen deutlich zu sehen, bleibt das übrig, was wir am wenigsten erleben möchten – der bebende Kern des Schmerzes, dem wir unser Leben lang aus dem Weg gehen wollten. Wir haben sogar unsere besten Beziehungen zumindest teilweise benutzt, um diesen Schmerz zu bemänteln. Jetzt stehen wir Auge in Auge dem gegenüber, was ist. Wir erleben den Abgrund und die Angst, die entstehen, wenn wir unseren Schmerz ohne Abwehrstrategien aufdecken. So kann uns die Arbeit mit Beziehungen zum eigentlichen Kern des Übungswegs führen.

Wie machen wir das? Wir beginnen, zuzuhören und zu sehen. Wir hören auf, anderen die Schuld zuzuschieben. Vor allem hören wir auf, unsere Wut auszudrücken, sobald sie aufkommt, und versuchen stattdessen, achtsam zu sein, *bewusst wahrzunehmen*. Wir beginnen zur Kenntnis zu nehmen, wie sehr wir Sklaven unserer Erwartungen, Ansprüche, Wünsche und ungeheilten Schmerzen sind. Wir fangen an, zu sehen, wie oft unser Ärger aus Angst geboren ist. Allmählich begreifen wir die Angst als Schlüsselproblem, das den meisten unserer Beziehungsschwierigkeiten zugrunde liegt. Angst wovor? Zu unseren grundlegendsten und zentralsten Ängsten können die folgenden gehören: die Angst, allein zu sein; die Angst, zurückgewiesen zu werden; die Angst vor dem Unbekannten; die Angst, nicht das zu bekommen, was wir wollen; Angst, das zu verlieren, was wir haben; Angst vor Nähe; Angst, von etwas überwältigt zu werden; Angst, die Kontrolle zu verlieren und selbst kontrolliert zu werden; oder auch die Angst, dass unsere Unzulänglichkeit und Wertlosigkeit ans Licht kommen könnte. Allmählich sehen wir, dass den Abwehrstrategien, die wir anwenden, unsere jeweiligen zentralsten Ängste zugrunde liegen. Denken Sie an Ihre eigene Situation. Wie lautet Ihre Angst? Hier stoßen wir zum Kern des Übens vor und lernen, präsent zu sein gegenüber dem bebenden Schmerz, der beinahe allen unseren Beziehungskonflikten zugrunde liegt.

Angenommen, die Worte oder Taten eines anderen verletzen uns. Wir fühlen uns missverstanden oder hintergangen. Das trifft mitten in unseren zentralen Schmerz, unsere Grundängste, die durch viele Schichten von schmerzlichen Erinnerungen verstärkt und in unsere Zellen selbst eingebrannt sind. Dieses Zellgedächtnis wird augenblicklich aktiviert, und wir sind in einer Reaktion gefangen, die bei weitem in keinem Verhältnis zum tatsächlichen Ereignis steht. In der Regel verdrängen wir unsere negative Reaktion an diesem Punkt entweder und kochen innerlich oder drücken sie aus, indem wir im Äußern um uns schlagen. In beiden Fällen sind wir voll und ganz in der Abwehr, mit all unseren Rechtfertigungen und Anklagen.

Aber wenn wir unser Augenmerk stärker auf das richten, was eigentlich vorgeht, und uns der sich wiederholenden Gedanken bewusst werden, die auf unseren tief sitzenden Glaubenssätzen beruhen, beginnt das Üben. Es ist wichtig, unsere Gedanken zu kennen, aber das allein kann noch nicht in unser zelluläres Schmerzgedächtnis eingreifen. Nur wenn wir unseren Grundschmerz unmittelbar erleben – nicht als Vorstellung, sondern als einen Komplex körperlicher Empfindungen –, können wir zum Kern des Übens vordringen. Hier, jenseits des Denkens und erzwungener Bemühungen, verweilen wir im »Was« unseres Seins in diesem Augenblick. Dieses Verweilen im Augenblick erlaubt es der Wandlung zu geschehen. Wenn wir uns weniger schützen und offener für das sind, was ist, sehen wir, dass das, wovor wir uns so gefürchtet haben, nur eine Ansammlung von Gedanken, Erinnerungen und Sinneswahrnehmungen ist. Indem wir einfach im Sein bleiben, jenseits der engen Identifikation mit dem »Ich«, können wir nun beginnen, wirklich mit anderen in Beziehung zu treten. Sobald wir anfangen, uns mit unserem ungeheilten Grundschmerz zu konfrontieren und ihn wirklich *bewusst wahrzunehmen*, sind wir nicht länger die Sklaven verborgener Erwartungen und Pläne und müssen das schmerzhafte Leben von Reaktion, Abwehr und endlosem Leiden nicht länger fortführen.

Wenn Beziehungsprobleme auftauchen und wir an unsere Grenzen geraten, suchen wir oft nach den üblichen Heilmitteln, um den Abgrund zu vermeiden, den wir spüren. Wir denken vielleicht: »Wenn ich nur den richtigen Menschen finden könnte, würde ich mich nicht so zutiefst einsam fühlen.« Einsamkeit ist jedoch eine weitere Chance, zum Kern des Übens vorzudringen. Das geschieht, indem wir unser tiefes Bedürfnis, geliebt zu werden, bewusst wahrnehmen und uns ihm aussetzen. Der Unterschied dazu, sich der Einsamkeit hinzugeben und in ihr zu schwelgen, besteht darin, dass wir den Gedanken keinen Glauben schenken. Statt uns im Bedürfnis des kontrollierenden Geistes zu verlieren, der wissen will, warum wir einsam sind oder wie wir die Einsamkeit aus der Welt schaffen können, fragen wir: »Was *ist* diese Einsamkeit?« und bleiben bei unserer körperlichen Erfahrung. Wir bleiben, indem wir ein mitfühlendes Gewahrsein an den Ort schicken, wo wir am wenigsten sein wollen, und dort verweilen.

Manchmal kann sich die Einsamkeit so unangenehm anfühlen, dass wir glauben, sie auch nicht eine Sekunde länger aushalten zu können. In solchen Augenblicken bringen wir unser Gewahrsein zum Herzen – in die Mitte der Brust – und atmen ein und aus. Bei jedem Atemzug atmen wir die Einsamkeit direkt ins Herz, beim Ausatmen lassen wir den Atem einfach entweichen, ohne etwas zu tun oder loswerden zu wollen. Wir fahren einfach fort, *ein weiteres Mal* in die

Mitte der Brust zu atmen. Auf diese Weise fassen wir den Mut weiterzumachen, und sei es auch nur einen Atemzug lang. Wenn wir die Einsamkeit zulassen, wenn wir aufhören, sie wegzuschieben, und sie stattdessen einlassen, heilt die Wunde der Einsamkeit allmählich. Statt ewig nach *jemandem* Ausschau zu halten, der diese Wunde zudecken soll, lernen wir, dass es sogar in Ordnung ist, die Einsamkeit einzuladen. Wir lernen, dass es sehr viel weniger schmerzhaft ist, sie einzuladen, als zu versuchen, sie wegzuschieben, oder eine Beziehung zu benutzen, um sie zu betäuben. Allmählich wird uns deutlich, dass die Bereitwilligkeit, die Einsamkeit einfach da sein zu lassen, der einzig authentische Weg ist, um sie zu überwinden.

Dieser gesamte Prozess läuft all dem zuwider, was man uns beigebracht hat. Wir suchen nicht länger nur nach Behaglichkeit und Schutz. Wir erwarten von Beziehungen nicht mehr, dass sie uns von unseren Problemen befreien. Wir halten unsere konditionierten Schwierigkeiten nicht mehr für einen Makel, der beseitigt werden muss. Wir hören auf, unserem Unfrieden durch Denken und Analyse zu begegnen. Wir sind niemals gelehrt worden, was es bedeutet, unser Leben wirklich bewusst zu erleben. Meistens *denken* wir nur über das nach, was wir erleben. Und selbstverständlich halten wir unsere Gedanken für die Wirklichkeit.

Das alles mag trostlos klingen. Es mag als eine allzu einseitige, dunkle und enge Sicht von Beziehungen erscheinen. Was ist mit der Freude, die Beziehungen uns schenken? Vielleicht sollten wir einfach unbekümmerter werden und aufhören, uns mit unserem Schmerz und unserer Angst auseinander zu setzen? Die Antwort liegt auf der Hand: Wenn es so einfach wäre, unbekümmert zu werden und in unseren Beziehungen Freude zu finden, hätten wir es längst getan. Aber in dem Maße, in dem in unseren Beziehungen Leiden steckt oder in dem sogar unsere guten Beziehungen besser werden könnten, müssen wir ehrlich mit unseren blinden Flecken und den Hindernissen arbeiten, an denen wir feststecken.

In der Theorie mag die Übungspraxis geradlinig und einfach erscheinen. Wir registrieren, was vorgeht, wir versuchen, bewusst zu sein, wir versuchen, voll und ganz zu erleben, was ist; und dann stellen wir alle Versuche ein und sind einfach. Aber im Trubel des Lebens geht uns die Klarheit und Einfachheit des Übungswegs oft verloren. Das gilt mit Sicherheit für unsere Beziehungen, die uns, indem sie uns an die Grenze bringen, an einen Ort führen, wo es oft schwierig ist, auch nur ans Üben zu denken. Wenn uns emotionsgeladene Gedanken gefangen halten – »Und was ist mit *mir*?«, »Was ist mit *meinen Bedürfnissen?*« »Ich habe es *so* satt«, »Das ist nicht fair« –, wird es besonders schwierig, uns von unseren Überzeugungen loszumachen. Wenn unser Bestreben zu erwachen jedoch stärker wird, können wir lernen, selbst in Augenblicken zu üben, in denen wir am tiefsten in der Klemme stecken. In solchen Augenblicken können wir echte Freude in Beziehungen kennen lernen, nicht bloß die oberflächliche Sicherheit, psychische Geborgenheit zu finden.

Der Philosoph Sören Kierkegaard hat einmal gesagt, vollkommene Liebe bedeute, denjenigen zu lieben, durch den man unglücklich geworden ist. Anders ausgedrückt: Je mehr wir mit unseren eigenen Reaktionen arbeiten, desto mehr wird der Weg dafür frei, dass die Liebe einfach durch uns fließt. Je mehr wir die Bedingungen beseitigen, die wir unseren Beziehungen auferlegen, desto offener wird der Weg zu bedingungsloser Liebe. Wir müssen unser Herz nicht öffnen; es ist bereits offen. Wir müssen einfach die Hindernisse beiseite räumen, die sich der Erfahrung dieser Offenheit in den Weg stellen.

Mit den eigenen Reaktionen arbeiten bringt uns an einen besonders interessanten Punkt, denn was wir von anderen am meisten wollen, ist oft das, was sie uns am schwersten geben können. Und das Gleiche trifft auch umgekehrt zu: Was wir am schwersten geben können, ist oft das, was andere am meisten von uns haben wollen. Das veranschaulicht exakt, was Kierkegaard meinte, als er sagte, vollkommene Liebe sei die Liebe, die aus unserem Unglück erwächst. Wenn wir feststellen, dass wir uns standhaft weigern, dem anderen das zu geben, was er haben will, und bereit sind, mit den Schichten der Wut und Angst zu arbeiten, die unsere Blockade umgeben, eröffnet uns das den Weg zur Freiheit. Gegen ein angstbesetztes Sichverweigern anzugehen könnte bewusste Akte der Großzügigkeit erforderlich machen, nicht um edelmütig zu sein, sondern um uns selbst an die Grenze zu bringen, an der wir uns mit unseren Ängsten konfrontieren können. Je ehrlicher und deutlicher wir unsere Ängste sehen und erleben, desto weniger werden sie unser Verhalten diktieren.

Wenn wir geben – und mit dem arbeiten, was das Geben blockiert –, findet Heilung in uns statt. Mit der Zeit wird Großzügigkeit zu unserer natürlichen Tendenz. Uns selbst auf diese Weise zu heilen, heilt indirekt auch den andern, indem es ihm die Möglichkeit eröffnet, langsam seine Schutzpanzer fallen zu lassen. Das ist nicht identisch mit dem Versuch, andere zu verändern oder sie dazu zu bringen, uns das zu geben, was wir wollen. Beim Üben geht es ausschließlich darum, an uns selbst und unserem eigenen Gefühl von Unglück zu arbeiten. Doch jede Bemühung, Weite in unsere Angst zu bringen, macht es auch möglich, dass sich Weite um die Ängste des anderen einstellen kann.

Als Elizabeth und ich ein Paar wurden, musste ich mich mit meinem Hang zum Nörgeln und Urteilen auseinander setzen. Ich hatte gesehen, welchen Schaden diese Neigung in der Vergangenheit angerichtet hatte, und wusste, dass ich damit arbeiten musste. Es war auch klar, dass Elizabeth nicht das geringste Interesse daran hatte, von mir verändert zu werden. Ich machte es mir zur Übung, sie so wenig wie möglich zu kritisieren. Anfangs fiel es mir schwer, denn was ist ein Ego, wenn nicht eine Ansammlung von Meinungen, Identitäten und Urteilen, die wir voll und ganz für wahr halten? Wenn ein Urteil über einen anderen über unseren mentalen Bildschirm läuft, nehmen wir es normalerweise als Wahrheit hin, und es fällt uns schwer, den Mund zu halten.

Als ich mich bemühte, mir meine kritischen Urteile zu verkneifen, machte ich eine erstaunliche Entdeckung. Meine Urteile bezogen sich nie auf sie, sondern immer auf mich! Das beste Beispiel dafür ist unser unterschiedlicher Umgang mit Besitz. Ich ziehe es vor, ganz wenig zu besitzen. Elizabeth dagegen genießt es, Dinge in Secondhandläden zu kaufen. Nicht dass sie materialistisch wäre, sie hat einfach Freude daran, wenn sie mit einem Haufen preiswerter Dinge nach Hause kommt, während es mir Freude macht, etwas aussortieren zu können. Was ich besitze, räume ich gern ordentlich weg, während Elizabeth es liebt, sich mit ihren ganzen Sachen sichtbar zu umgeben.

Es könnte den Anschein haben, dass mein Stil – einfach, sauber und ordentlich – mehr dem Zen entspricht. Bevor ich Elizabeth kennen lernte, glaubte ich das auch. Aber als ich lernte, meine kritischen Urteile zurückzuhalten, fing ich an, die Dinge ziemlich anders zu betrachten. Wenn ich Elizabeths Stil sah, begann ich, statt ihr zu sagen, um wie viel besser es für sie wäre, ordentlich zu sein, dem emotionalen Zustand Aufmerksamkeit zu schenken, aus dem meine Urteile kamen. Wenn ich meine Urteile einfach nur geäußert hätte, hätte ich niemals meinen eigenen inneren Zustand gesehen. Und was sah ich? Angst. Ich sah meine Angst vor dem Chaos. Meine Vorliebe für Sauberkeit und Ordnung war nicht so sehr eine Zen-Tugend wie eine Kontrollstrategie – eine Methode, meine Angst vor Chaos, Hilflosigkeit und Kontrollverlust zu vermeiden.

Als mir das deutlich wurde, fiel es mir leicht, meine Urteile über Elizabeth für mich zu behalten. Ich verstand, dass ich mich dringend um mein eigenes Unbehagen kümmern musste. Gewöhnlich gehen wir davon aus, dass es die Aufgabe des anderen ist, uns unser Unbehagen zu nehmen. Aus der Sicht des Übungswegs könnte nichts falscher sein. Unser Unbehagen ist *unsere* Aufgabe. Wenn wir beispielsweise das Angst erregende Gefühl der Eifersucht verspüren, ist es unsere Aufgabe, uns damit auseinander zu setzen, nicht die Aufgabe des anderen, uns die Eifersucht zu nehmen, indem er sein Verhalten ändert. Wenn wir Angst und Unsicherheit in finanziellen Angelegenheiten erleben, ist es unsere Aufgabe, uns damit auseinander zu setzen, nicht die Aufgabe des anderen, sie uns zu nehmen. Das Interessante an der zwischenmenschlichen Dynamik ist, dass wir, sobald wir unsere Aufgabe erfüllen – indem wir unsere Überzeugungen und Glaubenssätze erkennen und bewusst die Ängste wahrnehmen, aus denen sie kommen –, damit gewöhnlich auch dem anderen die Freiheit geben, sich auf uns zuzubewegen. Wenn der andere nicht länger die Notwendigkeit verspürt, sich verteidigen zu müssen, wird er eher bereit sein, *seine* Aufgabe zu übernehmen.

Probieren Sie folgende Übung aus: Wählen Sie jemanden, über den Sie viel urteilen, vorzugsweise jemanden, mit dem Sie häufig Kontakt haben. Dann legen Sie einen Tag in der Woche fest, an dem Sie sich von der Zeit des Aufwachens an bis zum Schlafengehen aller Urteile und Kritik an diesem Menschen enthalten, selbst derjenigen, die Sie im Stillen denken (und für wahr halten). Sobald die Urteile auftauchen, nehmen Sie sie zur Kenntnis, ohne sie jedoch dadurch zu verstärken, dass Sie sie denken oder aussprechen. Versuchen Sie stattdessen die körperliche Anspannung zu spüren, in der sich auf der physischen Ebene die Überzeugung ausdrückt, an der Sie festhalten.

Diese Übung zielt nicht auf eine Veränderung des Verhaltens oder die Unterdrückung von Emotionen ab. Sie soll uns erlauben zu *sehen.* Indem wir einen anderen urteilsfrei betrachten – etwas, wonach sich jeder sehnt und was zum

Schwersten überhaupt gehört –, machen wir in Wirklichkeit uns selbst ein großes Geschenk: Wir geben uns die Chance zu begreifen, dass unsere Urteile und Kritik stets mehr über uns als über den anderen aussagen. Dieses Verständnis gibt uns einen Rahmen, in dem wir leichter und direkter mit unseren tiefsten Ängsten und Anhaftungen arbeiten können. Es kann sein, dass wir diese Übung mehrere Wochen lang machen müssen, um ihren wirklichen Wert zu erkennen.

Eine der grundlegendsten Annahmen auf dem Weg zum Erwachen lautet, dass es in uns den inneren Wunsch gibt zu erwachen – dass unser wahres Wesen danach strebt, sich selbst zu offenbaren. Auch wenn wir das in uns empfinden, vergessen wir jedoch oft, dass dasselbe auch für den anderen gilt. Wir gehen vermutlich davon aus, dass wir – zumindest in Augenblicken der Klarheit – unser Bestes tun. Das trifft jedoch auch für den anderen zu. Wenn wir aus den Wünschen und Urteilen unseres kleinen Geistes heraus zu anderen in Kontakt treten, nehmen wir nur zu dem kleinen Geist des anderen eine Beziehung auf. Auf diese Weise bleiben wir in unserem ichbezogenen Leben gefangen – einem Leben, das Leiden garantiert.

Wenn wir vom größeren Geist her in Kontakt zu anderen treten, kommen wir auch mit deren tiefstem Wesen in Verbindung. Wir können sehen, dass die anderen, selbst wenn sie in den Bedürfnissen ihres kleinen Geistes gefangen sind, ebenfalls ihr Bestes tun. Oft ist das nicht leicht zu sehen. Besonders in einer schwierigen Beziehung gelingt es uns nicht einmal bei uns selbst. Wir müssen uns ständig in Erinnerung rufen, dass die Schwierigkeiten der Weg *sind* und wir oft blind für sie sind. Sie sind keine Fehler, die aus der Welt geschafft, oder Hindernisse, die überwunden werden müssen, sondern einfach der Stoff eines konditionierten Lebens, aus dem allmählich die Freiheit erwachsen kann. Je mehr wir unsere eigenen Schwierigkeiten als den Weg begreifen, desto mehr können wir begreifen, dass auch die Schwierigkeiten anderer deren Weg sind. Je mehr wir mit unserem eigenen Schmerz üben, desto mehr lernen wir, dass der Schmerz nicht unser Feind ist. Je mehr wir lernen, ihn nicht als Defekt zu beurteilen, desto verständnisvoller können wir im Umgang mit dem Schmerz anderer sein.

Als Elizabeth und ich heirateten, war das einzige wichtige Versprechen, das wir uns gegenseitig gaben, immer daran zu denken, dass wir beide den Wunsch hatten zu erwachen. Die Übungspraxis besteht darin, sich selbst inmitten von Problemen daran zu erinnern, dass auch das innerste Bedürfnis des anderen darin besteht, frei von Illusionen zu werden. Wenn wir annehmen, dass es diesen Wunsch in einem anderen gibt, können wir besonders in Augenblicken, in denen Verletzung und Wut hochsteigen, der abwehrenden Tendenz Einhalt gebieten, den anderen anzuklagen oder ihn verändern zu wollen. Stattdessen besinnen wir uns auf unsere eigene Aufgabe, die darin besteht, unsere eigenen Ängste zu klären und bewusst wahrzunehmen. Es ist sicherlich zuweilen schwierig anzunehmen, dass ein anderer den Wunsch hat zu erwachen, aber nur wenn wir von unserem tieferen Wesen her zu anderen in Beziehung treten können, ist ein authentischer Bezug möglich.

Wenn wir fortfahren, unsere eigenen Glaubenssätze, Erwartungen und Ansprüche zu klären, wenn wir den Schichten des Schmerzes, die wir uns letztlich anschauen und bewusst erleben müssen, mit Gewahrsein und liebevoller Güte begegnen, können wir nach und nach die Freude in Beziehungen finden, nach der wir alle suchen. Diese Freude stellt sich nicht ein, weil wir endlich das bekommen, was wir unserer Meinung nach brauchen. Freude in Beziehungen entsteht daraus, in Kontakt mit unserer essenziellen Verbundenheit zu sein, die sich am natürlichsten in Form von Großzügigkeit äußert. Nietzsche schrieb in den Anfangsversen von *Also sprach Zarathrustra* an die Sonne gerichtet: »Du großes Gestirn! Was wäre dein Glück, wenn du nicht die hättest, denen du leuchtest!« Das hat nichts zu tun mit einem Geben, um zu bekommen – und auch nichts mit einem Geben, um zu geben. Die Freude in Beziehungen rührt letztlich daher, dass wir uns anderen ohne Anstrengung schenken und dabei fast unsichtbar werden wie ein weißer Vogel im Schnee.

13

Vertrauen

Vertrauen ist eines der heikleren Probleme, denen wir beim Üben begegnen. Wenn Vertrauensprobleme auftreten, sind die Gefühle gewöhnlich sehr intensiv und energiegeladen. Gedanken wie »Ich kann ihm nicht mehr trauen«, »Ich fühle mich betrogen« und »Ich fühle mich, als hätte mir jemand ein Messer ins Herz gestoßen« können ungemein wahr, gültig und berechtigt erscheinen. Doch was wir bei diesen Gedanken oft übersehen, ist, in welchem Maße wir anderen die Schuld an unserer Reaktion geben.

Was geht eigentlich vor, wenn wir uns von jemandem oder etwas, dem wir einst vertraut haben, betrogen fühlen und uns wütend zurückziehen? Unser »Selbst«-Gefühl wurde erschüttert; man hat uns den Teppich der Erwartungen und Projektionen, den wir für einen sicheren Boden hielten, unter den Füßen weggezogen. Wir erleben die Angst vor dem Abgrund; wir empfinden den Verlust der Sicherheit zugleich mit dem Verlust unserer Identität. Gewöhnlich reagieren wir mit Verletztheit und Wut, und unsere Grundängste kommen hoch. Das Vertrauen zu jemandem zu verlieren, beschwört die Angst herauf, verlassen oder unterdrückt zu werden.

Wir meinen von anderen zu Recht verlangen zu dürfen, dass sie uns vor unseren zentralen Ängsten schützen, aber tatsächlich steht uns dieses Recht nicht zu. Wir glauben, wir *müssten* vertrauen dürfen; doch was wir »Vertrauen« nennen, ist bloß das Bemühen, an einem Bild von der Welt festzuhalten, das auf unserem Wunsch nach Behaglichkeit und Sicherheit gründet. In der Illusion dieser Sicherheit zu leben heißt, ein Ersatzleben zu führen.

Was bedeutet die Aussage: »Ich habe ihm vertraut, aber jetzt weiß ich, dass ich ihm nie mehr vertrauen kann«? Welchem Bild von »ihm« können wir nicht mehr vertrauen? Unser Wunsch, das Selbst als feste Größe zu betrachten, ist so groß, dass wir die leicht wahrnehmbare Tatsache übersehen, dass das »Selbst« nichts weiter als eine Ansammlung von Selbstbildern, Identitäten, Glaubenssätzen, Strategien, Erinnerungen und Projektionen ist. Wenn wir uns fortlaufend beobachten, können wir sehen, wie rasch sich dieses »Ich« sogar von einer Minute zur anderen wandelt. Ganz gleich, wie fest entschlossen wir sind, Entscheidungen zu treffen und Verpflichtungen einzugehen, oft taucht ein anderes »Ich« auf, das damit nichts zu tun haben will. Um zu erkennen, was für eine flüchtige Angelegenheit das »Ich« ist, müssen wir uns nur unsere guten Neujahrsvorsätze, endlosen Diäten und anderen fruchtlosen Versuche, unser Verhalten zu ändern, vor Augen führen. Letztlich wird uns deutlich, dass das scheinbar feste »Ich« in Wirklichkeit aus vielen »Ichs« besteht, die häufig nicht einer Meinung sind. Warum also glauben wir, andere Menschen seien anders? Setzt sich unser Bild vom »anderen« nicht größtenteils aus unseren Erinnerungen und unserem Wunschdenken sowie den daraus entstehenden Projektionen zusammen?

Bei der ersten Begegnung glauben wir, einen Menschen so zu sehen, wie er ist. Aber wir sehen andere nicht, wie *sie* sind, wir sehen sie, wie *wir* sind – gefiltert durch unsere gesamten Assoziationen, Erwartungen und Projektionen. Wenn die Filter mit der Zeit verschwinden, fühlen wir uns betrogen: »Du bist nicht der Mensch, der du warst, als wir uns kennen gelernt haben!« Natürlich ist der andere das nicht – tatsächlich war er es niemals! Wir halten jedoch an dieser beschränkten Sicht davon fest, wie wir den anderen »brauchen« und haben wollen. Wenn ein anderer unsere Erwartungen nicht erfüllt, glauben wir, ihm nicht trauen zu können. Und wir können ihm in diesem Punkt auch nicht trauen.

Es mag schwer sein, diese Wahrheit zu akzeptieren. Heißt das, dass wir anderen nie trauen können? Was für eine Art Leben ist das? Ein Leben, das nicht länger auf Fantasien, sondern stattdessen auf dem Verständnis beruht, dass wir in der Tat allen trauen können – wir können ihnen trauen, so zu sein, wie sie sind. Wenn wir merken, dass wir ein Ersatzdasein leben, das hauptsächlich auf dem Wunsch nach Behaglichkeit und Schutz gründet, können wir uns von unserer Fantasie des Vertrauens verabschieden und uns zu einem Vertrauen hinbewegen, das fest in der grundlegendsten Übungshaltung verankert ist: der Bereitwilligkeit, uns auf unser Leben einfach so einzulassen, wie es ist. Ob wir es mögen oder nicht, ob es unseren Wünschen entspricht oder nicht, steht nicht zur Debatte.

Es geht schlicht um die Bereitwilligkeit, uns auf *alles* einzulassen, was auftaucht – auch auf Misstrauen, Enttäuschung und Verrat. Der Übungsweg im Alltag besteht darin, das *alles* als unseren Weg zu betrachten. Aus welchem Grund sollten wir so verfahren? Um dem, *was ist*, zu erlauben, die Angst- und Schutzschichten zu durchdringen, die uns daran hindern, ein authentisches Leben der Offenheit und Verbundenheit zu führen. Wenn wir jedes Aufkommen von Misstrauen benutzen, um unser geschütztes »Selbst« zu durchbrechen, lernen wir, unser Herz nicht länger ängstlich zu verschließen.

Wem meinen Sie zu vertrauen? Vertrauen Sie Ihrem Partner? Vertrauen Sie Ihrem Lehrer? Was heißt »Vertrauen«? Gewöhnlich ist es die Erwartung, der andere werde auf eine bestimmte Weise handeln. Was geschieht, wenn dieser Mensch unseren Erwartungen, Ansprüchen und Projektionen nicht nachkommt? Sind wir verletzt? Denken wir: »Ich fühle mich verraten« oder »Ich habe keine Sicherheit«?

Wenn wir uns verraten fühlen, schenken wir unseren Gedanken und Urteilen gewöhnlich Glauben. Wir glauben ihnen, weil wir niemals das falsche Fundament infrage stellen, auf dem unserer Bedürfnisse und Erwartungen gründen. Sobald wir unsere Gedanken für wahr halten, dauert es nicht länger als zwei Sekunden, bis Wut, Vorwürfe und Groll in uns aufkommen.

In all unseren Beziehungen suchen wir nach einer gewissen Garantie von Sicherheit, einem Weg, nicht verletzt zu werden. Sobald wir uns verletzt fühlen – was unter diesen Voraussetzungen unvermeidbar ist –, wird unser zentraler Schmerz berührt. Unweigerlich werden unsere tiefsten zentralen Glaubenssätze bestätigt: »Ich werde niemals etwas wert sein«, »Meine Partner werden mich immer verlassen«, »Ich zähle nicht«, »Mich wird nie jemand verstehen«. An diesem Punkt reagieren wir gewöhnlich mit Wut und Groll. Das Misstrauen ist auf dieser Ebene besonders schwer zu bearbeiten, denn vom gewöhnlichen Standpunkt aus erscheinen unsere Überzeugungen völlig gerechtfertigt. Eine Reihe von Menschen würde uns darin zustimmen, dass der andere die Schuld hat. Weil das Misstrauen sich berechtigt anfühlt, gerät der Umstand, dass sich das Misstrauen in Wirklichkeit auf *uns* und nicht auf das bezieht, was der andere getan hat, leicht in Vergessenheit.

Wir müssen Misstrauen als das begreifen, was es wirklich ist. Glücklicherweise haben wir die unfehlbare Ermahnung des Übungswegs, dass Gefühle von Verletztsein, Verrat oder Misstrauen untrügliche Zeichen dafür sind, dass wir in den Forderungen des kleinen Geistes feststecken, denen zufolge das Leben unseren angstbesetzten Vorstellungen entsprechen soll. Wenn wir das Glück haben, diese Zeichen zu erkennen, können wir vom Reagieren und Beschuldigen dazu übergehen, unser Augenmerk auf die harte Arbeit des Übens zu richten. Wir können unsere Glaubenssätze sehen und benennen, die physische Erfahrung unseres emotionalen Unfriedens bewusst wahrnehmen und sanft die Schutzschichten und Panzer durchbrechen, indem wir den Unfrieden direkt ins Herz atmen, ihn einatmen und ausatmen.

Auf diese Weise zu üben heißt nicht, sich zum Märtyrer zu machen und unannehmbares Verhalten stillschweigend zu dulden. Wir müssen imstande bleiben, in der realen Welt zu funktionieren, in der ein Mensch, der Vereinbarungen bricht oder gegen die Regeln verstößt, mit konkreten Konsequenzen zu rechnen hat. Aber selbst in diesem Rahmen und ungeachtet der vielleicht notwendigen Maßnahmen auf der Verhaltensebene besitzen wir das Verständnis, dass wir, wenn wir blind reagieren und uns verteidigen oder verletzt sind und anklagen, uns immer wieder auf die grundlegende Frage zurückbesinnen müssen: *Worin besteht das Üben in dieser Situation?*

Wenn wir so verfahren, werden wir der rechthaberischen Sicht, dass wir betrogen wurden – und dem subjektiven Urteil, der andere sei schuld – wahrscheinlich weniger Glauben schenken und besser imstande sein, das »Selbst« zu durchschauen, das wir für substanziell halten. Nur wenn wir unser gewöhnliches, verkehrtes Denken anerkennen, es klären, uns dem daraus entstehenden Leiden öffnen und es bewusst wahrnehmen, können wir allmählich über unsere Vorstellungen von Vertrauen, über unsere Verletztheit und unseren Schutzpanzer hinausgelangen. Auf diese Weise wird unser Ersatzleben in das authentischere Leben verwandelt, das wir alle anstreben.

Selbst wenn wir das starke Bestreben haben zu erwachen, kann das Üben mit Misstrauen schwierig sei. Uns angegriffen zu fühlen, ruft unsere Grundängste auf den Plan, und die Psyche mobilisiert umgehend alles zur Abwehr des Gefühls, am Abgrund zu stehen, das diese Ängste hervorruft. So schützen und verteidigen wir unser vermeintlich substanzielles »Ich«-Gefühl. Aus der Sicht des Übungswegs müssen wir uns der Angst öffnen und lernen, in ihr zu verharren. Wir müssen auch begreifen, dass wir zuweilen nicht dazu in der Lage sind; der Sicherheitsdrang ist einfach zu stark. Wir können unseren

Schutzinstinkt nicht einfach deshalb ablegen, weil wir es wollen. Wir halten an unseren Schutzmechanismen und Ansprüchen so lange fest, bis uns klar wird, dass wir sie nicht mehr brauchen.

Manchmal sind wir nicht einmal daran interessiert, mit dem Gefühl, betrogen worden zu sein, zu arbeiten. Dann bedarf es der Bereitwilligkeit unsererseits, uns dieser Tatsache einfach zu stellen. Wir können registrieren, in welchem Maße wir andere beschuldigen und selber Recht haben *wollen*, und auch, wie verzweifelt wir versuchen, an dem sicheren Gefühl des »Ich« festzuhalten, ganz gleich wie elend selbstgerecht es ist. Vielleicht gelingt es uns zumindest, unseren üblichen Selbstbeurteilungen keinen Glauben zu schenken (»Ich bin schwach«; »Ich werde das nie können«; »Ich bin ein hoffnungsloser Fall«) und sie stattdessen einfach nur zur Kenntnis zu nehmen.

Letztlich müssen wir jedoch verstehen, dass es beim Üben nicht darum geht, uns sicher, geborgen oder wohl zu fühlen. Das heißt nicht, dass wir uns nie sicher oder wohl fühlen werden; doch die tiefe Sicherheit, die aus vielen Jahren des Übens erwachsen kann, ist etwas völlig anderes als die Geborgenheit, nach der wir uns alle sehnen. Wir glauben, wir *müssten* vertrauen dürfen, so wie wir glauben, geliebt werden zu *müssen*. Aber wir zäumen das Pferd vom Schwanz auf. Als Erwachsene müssen wir nicht geliebt werden. Unser einzig wirkliches emotionales Bedürfnis, wenn man es denn so nennen will, ist *zu lieben*. Zu lieben ist unser wahres Wesen; es ist das, was wir sind.

Wenn wir die Schutzschichten durchbrechen – wenn wir

aufhören, uns zu verweigern, uns zu verschließen, an das Leben oder einen Menschen Forderungen zu stellen, wie sie sein sollten, um uns unsere vermeintlichen Bedürfnisse zu erfüllen (nach Bewunderung, Sicherheit, Vertrauen oder Liebe) –, was geschieht dann? Wir beginnen, in Kontakt mit unserem wahren Wesen zu kommen, und dieses *ist* Verbundenheit und Liebe. Das ist der einzige Ort, wo sich wirkliches Vertrauen finden lässt.

Sobald sich bei uns heftige emotionale Reaktionen auf Situationen im Leben einstellen, ist die Übungspraxis selten klar und einfach. Oft erscheint sie sowohl verwirrend als auch schwierig. Schüler wollen häufig wissen, was sie tun sollen, wenn in einem Konflikt starkes Misstrauen aufkommt. Sie fragen sich, ob es wirklich die beste Methode ist, den Mund zu halten und zu meditieren, um das anstehende Problem zu lösen. Diese Frage ist verständlich, weil wir Angst haben, nicht für voll genommen zu werden. Im Allgemeinen ist es jedoch fast immer besser, sich nicht in Selbstrechtfertigungen und Schuldzuweisungen zu verstricken, was unausweichlich geschieht, wenn wir mitten in einer starken Emotion den Mund aufmachen.

Mitten im Unfrieden ist es wichtig, bei dem Gefühl, am Abgrund zu stehen, zu verharren und es ins Herz zu atmen, bis wir lange genug damit gearbeitet haben, um Klarheit über uns zu gewinnen. Wie gesagt, beim Üben geht es nicht darum, zum Märtyrer zu werden oder Dinge nicht anzusprechen. Aber es ist *immer* besser, sie erst anzusprechen, nachdem wir die eigenen Filter, Erwartungen und Projektionen gegenüber anderen durchschaut haben. Wenn wir dann ein Gespräch führen, sprechen wir über unsere eigene Reaktion, statt Vorwürfe zu machen. Und weil wir den anderen nicht angreifen, sieht und versteht auch er möglicherweise deutlicher, was geschehen ist.

Vor einigen Jahren fuhren Elizabeth und ich nach Minnesota, um uns ein Basketballturnier in Jenessas College anzusehen, an dem Jenessa teilnahm. Im Hotel tat ich etwas, das eine zwischen mir und Elizabeth getroffene Abmachung verletzte, die ich vergessen hatte. Obwohl es überhaupt nicht böswillig gemeint war, löste es in Elizabeth viele ihrer tiefsten angstbesetzten Glaubenssätze aus. Sie reagierte prompt, und obwohl sie mich weder angriff noch beschuldigte, löste sie durch die Heftigkeit ihrer Gefühle meine *eigene* Konditionierung aus. Ich steckte umgehend in einer intensiven Angst- und Abwehrreaktion fest. Da saßen wir nun beide in einem Hotel irgendwo mitten in Minnesota und hatten den Boden unter den Füßen verloren.

Elizabeth und ich führen normalerweise eine harmonische Beziehung, und auf dieser Basis hatte sich mein Gefühl von »Vertrauen« gefestigt. Da wir uns so gut wie nie streiten und sie nie etwas getan hatte, um mich zu verletzen, gab es in mir die Sicherheit und das »Vertrauen«, dass es immer so weitergehen würde, wie ich es mir wünschte. Dieses Wunschdenken lautete, dass mich in dieser Beziehung nie etwas verletzen würde. Aber dieser vermeintlich kleine Vorfall hatte mein Vertrauen schwer erschüttert. In diesem Augenblick legten wir beide ein lebendiges Zeugnis für die enorme konditionierende Macht von zentralen Glaubenssätzen ab.

Glücklicherweise gelang es uns, uns nicht gegenseitig die

Schuld zuzuweisen, obwohl es uns zeitweise schwer fiel. Wir unterdrückten nichts; wir bemühten uns beide mit allen Mitteln, wirklich bewusst im Körper wahrzunehmen, was wir intensiv fühlten. Aber es war schwierig, einfach nur bei diesem Abgrund zu bleiben und sich nicht im Denken, Analysieren, in Selbstrechtfertigungen und Anklagen zu verlieren. Ich fuhr fort, die schwierigen Gefühle in die Brustmitte zu atmen, wo man Gefühle am tiefsten und echtesten erleben kann. Als ich in der Mitte des Tages eine Pause von dieser intensiven Arbeit brauchte, bat ich Elizabeth, mit mir ins Kino zu gehen. War das eine Vermeidungstaktik? Nicht wirklich. Manchmal ist es wichtig, sich eine Auszeit zu nehmen und ehrlich anzuerkennen, dass man an die eigene Grenze gekommen ist. Wir gingen ins Kino, und obwohl wir beide immer noch erschüttert waren, hatten wir genügend mit unseren Reaktionen gearbeitet, um später am selben Tag deutlich zu sehen, was eigentlich geschehen war. Danach konnten wir uns einander wieder mit einem tiefen und authentischen Gefühl der Verbundenheit zuwenden.

Ich hatte begriffen, dass ich ein falsches Gefühl von Vertrauen hegte, das darauf beruhte, dass Elizabeth sich immer in einer Weise verhalten würde, die nie ein Gefühl von Verletztheit und Abwehr bei mir auslöste. Meine Vorstellung von Vertrauen gründete auf der Hoffnung, dass sie mich vor meinen Ängsten schützen könnte. Doch Elizabeth war gar nicht die Ursache meiner Angst an diesem Tag, und meine an sie gerichtete Erwartung, mich vor meinen Ängsten zu schützen, war ein falsches Verständnis von wahrem Vertrauen. Es ist *unsere* Aufgabe, uns mit unseren Ängsten auseinander zu setzen, was die Bereitwilligkeit beinhaltet, sie zuzulassen. Wenn wir von einem anderen verlangen, uns gegen sie zu schützen – und das ist die konventionelle Vorstellung von Vertrauen –, sind Enttäuschung und Leiden vorprogrammiert.

Für mich war es im Hinblick auf meine Beziehung zu anderen ungeheuer wertvoll, meine eigene Vorstellung von Vertrauen zu durchschauen. Tatsächlich stellte sich diese Erfahrung mit Elizabeth als eine der besten Erfahrungen heraus, die wir auf unserem gemeinsamen spirituellen Weg gemacht haben. Indem wir die Illusion des Vertrauens durchschauten und bereit waren, den Abgrund bewusst wahrzunehmen, der sich auftut, wenn diese Illusion zerstört wird, indem wir sahen, dass wir uns nicht schützen, verteidigen und unsere Ängste voreinander verbergen mussten, erlebten wir die authentische Herzensverbindung, die möglich ist, wenn wir in die Essenz unseres wahren Selbst jenseits der Abwehrmechanismen eintreten.

Ich sage damit nicht, dass ich keine Erwartungen mehr habe, was Vertrauen angeht. Wir werden immer *einige* Erwartungen haben. Aber wir können lernen, unsere Erwartungen als das zu sehen, was sie sind. Wenn sie nicht erfüllt werden und wir enttäuscht sind, müssen wir dem Wunsch widerstehen, die Enttäuschung anderen anzulasten oder sie in die Welt zu projizieren. Stattdessen müssen wir einfach nur erkennen, was diese Enttäuschung ist, und von da aus mit ihr arbeiten. So kann wirkliche Heilung stattfinden: wenn wir den Panzer der Angst durchbrechen. Wirkliches Vertrauen kennen zu lernen bedeutet, dass wir uns *auf der Ebene der bewussten Wahrnehmung* durch die Schichten des Schutzes, der Bedürftigkeit und Ängste hindurcharbeiten und zum Grund der Wirklichkeit vordringen. Dann fangen wir an zu verstehen, dass die Bereitwilligkeit, uns einfach auf *all das* einzulassen, was kommt, uns erlaubt, in das Sein selbst – jenseits aller Vorstellungen von Vertrauen oder Misstrauen – einzutreten.

Das Wichtigste, woran wir denken sollten, ist dies: Wenn Vertrauensprobleme auftreten, sollten wir erst einmal einen zweiten Blick auf die Situation werfen. Wir sollten uns fragen: Aus welchen Vorstellungen heraus trete ich in Beziehung? Denken Sie daran, die Schicht der vermeintlichen Bedürftigkeit infrage zu stellen, die größtenteils die Basis von so genanntem Vertrauen bildet. Wir müssen unsere eigene Bedürftigkeit sehen und bewusst wahrnehmen, statt demjenigen die Schuld zu geben, der uns unserer Meinung nach im Stich gelassen hat. An irgendeinem Punkt sind wir dem anderen vielleicht sogar dankbar dafür, dass er uns den Teppich der Sicherheit unter den Füßen weggezogen hat. Auf diese Weise kann die Enttäuschung unsere beste Lehrmeisterin sein; sie lässt uns in Bereiche vordringen, in die wir uns von selbst kaum vorgewagt hätten.

14

Vergebung

Was heißt vergeben? Gibt es jemanden, dem Sie nicht vergeben wollen?

Vergebung ist oft mit der Vorstellung behaftet, dass wir eine Form von großmütiger Akzeptanz für andere aufbringen sollen, selbst wenn sie uns Unrecht getan haben. Dieses Verständnis von Vergebung ist *nicht*, worum es bei der Vergebungspraxis geht. Vergebung dreht sich darum, mit Groll zu üben und ihn zu heilen – dem Groll, der unsere Sehnsucht blockiert, aus unserem wahren Wesen heraus zu leben. Bei der Vergebung geht es darum, uns von dem zu lösen, woran wir am meisten festhalten wollen – dem Leiden, das aus Groll entsteht.

Beim Üben mit Vergebung arbeiten wir daran, unsere eigenen emotionalen Reaktionen zu durchschauen. Wir üben uns darin, zur Kenntnis zu nehmen, was der wahren Vergebung im Weg steht. Authentische Vergebung beinhaltet, dass wir unseren Schmerz bewusst wahrnehmen und anschließend den Schmerz desjenigen, dem wir vergeben müssen. Diese Erfahrung kann uns helfen, die Illusion der Trennung zwischen uns und anderen aufzulösen.

Denken Sie an jemanden, bei dem Sie Wut, Bitterkeit oder Groll empfinden: Ihren Partner, Ihre Eltern (lebendig oder tot), eines Ihrer Kinder, Ihren Lehrer, Chef, einen Freund – irgendjemanden, gegen den Sie einen Stachel im Herzen tragen. Damit Ihr Verständnis vom Üben mit Vergebung praktischer wird, halten Sie sich diesen Menschen vor Augen, während Sie das Kapitel lesen.

Was empfinden Sie, wenn Sie an diesen Menschen denken? Am Groll festzuhalten fühlt sich oft wie eine offene Rechnung an: »Soundso hat mich verletzt; deshalb ist er mir etwas schuldig«. Wenn wir uns an das harte und bittere Gefühl klammern, dass uns jemand etwas schuldet, haben wir möglicherweise auch das Bedürfnis, es diesem Menschen heimzuzahlen. Wenn der Groll vor sich hin schwärt, denken wir schließlich nur noch: »Dem werde ich es zeigen!«, und diese Haltung verhärtet uns. Wir stützen unser verhärtetes Herz an den Gefühlen falscher Macht und Rechthaberei ab, die mit dem Groll einhergehen.

Wenn jemand einen spirituellen Lehrer fragte: »Wie soll ich mit dem Groll umgehen, den ich auf meinen Freund habe?«, würde er vielleicht antworten: »Es ist nicht gut, am Groll festzuhalten. Warum lassen Sie ihn nicht einfach los?« Aber *können* wir ihn denn einfach loslassen? Selbst wenn wir wissen, wie sehr uns der Groll verletzt, steht uns diese Wahl häufig nicht offen. Wenn wir ihn einfach loslassen könnten, würden wir uns nicht mit ihm herumquälen. Loslassen ist keine wirkliche Option, sondern eine Wunschvorstellung, die auf einem Ideal davon beruht, wie wir die Dinge gern hätten.

Authentische Vergebung umfasst drei Stufen. Die erste besteht darin, einfach anzuerkennen, wie wenig wir willens sind, einander zu vergeben. Wir gestatten uns, bewusst wahrzunehmen, wie sehr wir lieber an Groll, Wut und Bitterkeit festhalten, selbst wenn wir begreifen, dass es uns davon abhält, ein authentisches Leben zu führen. Wir sehen, wie wir uns dabei unserer natürlichen Offenheit widersetzen, indem wir beschließen, in unserer Härte stecken zu bleiben. Indem wir uns, ohne zu urteilen, unseren Widerstand gegen die Vergebung bewusst machen, sehen wir klar und deutlich, was abläuft, nicht um uns schuldig zu fühlen – was eine Folge davon wäre, nach dem Ideal zu leben, dass wir keinen Groll haben *sollten* –, sondern um den Widerstand als das zu erleben, was er ist. Wir müssen in unserem Körper wahrnehmen, wie sich unser Unwille zu vergeben anfühlt. Wir müssen unsere selbstsüchtigen Urteile klar und deutlich als Gedanken betrachten, statt sie als objektive Wahrheiten zu akzeptieren. Wenn wir bei der *physischen Wahrnehmung* des Widerstands bleiben, kann sich allmählich ein Gefühl der Weite einstellen, in dem sich die geballte Faust unseres Grolls öffnen kann. Zur zweiten Stufe der Vergebung können wir erst übergehen, wenn wir das ganze Ausmaß unseres Unwillens zu vergeben erfahren haben und es auf der körperlichen und geistigen Ebene bewusst wahrnehmen.

Die zweite Stufe besteht darin, uns die emotionale Überreaktion gegenüber dem Menschen, gegen den wir Groll hegen, bewusst zu machen: Wir nehmen sie wahr, ohne zu urteilen, und sehen sie mit einem offenen Geist an. Während wir den Menschen visualisieren, gegen den wir Groll hegen, nehmen wir zur Kenntnis, welche emotionalen Reaktionen auftauchen. Wir fragen: »Was *ist* das?« Ist es Wut, Groll, Bitterkeit, Angst oder Trauer? Was auch auftauchen mag, wir nehmen es in unserem Körper einfach bewusst wahr. Wenn wir uns in Gedanken, Erinnerungen oder Rechtfertigungen verlieren, kehren wir immer wieder zu dem zurück, was wir im Körper spüren. Wo sitzt die Enge, die Verspannung? Wie ist das Gefühl beschaffen? Wir bleiben beim Gewahrsein unserer körperlich-emotionalen Reaktionen, solange es notwendig ist. Das bedeutet, dass wir uns in sie hinein entspannen, wie schmerzhaft sie auch sein mögen. An irgendeinem Punkt müssen wir sie nicht mehr länger wegschieben.

Angenommen, wir sind von jemandem wiederholt kritisiert worden. Statt gekränkt einzuschnappen oder zurückzuschlagen, denken wir an die Übungspraxis. Als Erstes fühlen wir die aufsteigende Wut und den Groll. Anschließend registrieren wir unsere Gedanken und benennen sie: »Warum musst du mich immer klein machen?«; »Du bist so ein negativer Mensch«; »Das muss ich mir nicht bieten lassen.« Als Nächstes gehen wir vom Denken und Anklagen dazu über, den Groll in unserem Körper zu lokalisieren. Wir fühlen die Verspannung im Mund, die Schwere in den Schultern, den Schmerz im Herzen, die Verkrampfung der Muskeln. Während wir bei der körperlichen Wahrnehmung verharren und uns darum bemühen, uns nicht in Gedanken der Selbstrechtfertigung und Beschuldigung zu verstricken, fragen wir: »*Was ist das?*« Wir kehren immer wieder zur physischen Wirklichkeit des Augenblicks zurück. An diesem Punkt beschäftigen wir uns überhaupt nicht mit Gedanken der Vergebung, wir machen uns unser Leiden einfach nur bewusst, ohne zu versuchen, es wegzuschieben. Sobald wir auf diese

Weise in unserer körperlichen Erfahrung verweilen können, sind wir bereit für die dritte Stufe.

Die dritte Stufe der Vergebungspraxis besteht darin, Worte der Vergebung zu sprechen. Es ist wichtig zu begreifen, dass wir die Handlungen des anderen mit diesen Worten nicht stillschweigend billigen. Es geht darum, dem Menschen zu vergeben und nicht dem, was er getan hat. Dazu müssen wir begreifen, dass die Handlungen des anderen von seinem eigenen Schmerz erzeugt wurden. Und das geschieht, indem wir nicht nach dem Schmerz des anderen suchen, sondern das Augenmerk auf unseren eigenen richten. Wenn wir uns um unseren eigenen Schmerz gekümmert haben, sind wir offener dafür, den Schmerz des anderen wirklich zu sehen. An diesem Punkt ist es hilfreich, Worte der Vergebung zu sprechen, um unser Herz zu öffnen. Der Versuch, uns dem Schmerz des anderen zu öffnen, bevor wir die ersten beiden Stufen der Vergebung durchlaufen haben – unseren Widerstand deutlich zu sehen und das bewusste Wahrnehmen des Widerstands zuzulassen –, wird scheitern. Dann kaschieren wir unsere unterdrückten Gefühle nur mit mentalen Konstrukten.

Erst nachdem wir bewusst wahrgenommen haben, wie unsere blinde emotionale Reaktionsbereitschaft der wirklichen Vergebung im Weg steht, können wir wahrhaft verstehen, dass der andere einfach nur mechanisch gehandelt hat, auf die einzige Art, in der es ein Mensch vermag – aus seinen Glaubenssätzen und Konditionierungen heraus. Dann können wir die Worte sagen:

Ich vergebe dir.
Ich vergebe dir alles, was du getan hast
und was mir Schmerz bereitet hat.
Ich vergebe dir, weil ich weiß, dass das,
was du getan hast, aus deinem Schmerz kommt.

Der vietnamesische Mönch und Meditationslehrer Thich Nhat Hanh bekam einmal einen Brief, in dem über das Schicksal eines 12-jährigen Mädchens berichtet wurde – eine von Tausenden vietnamesischer Bootsflüchtlinge –, das sich ins Meer gestürzt hatte, nachdem es von einem Seeräuber vergewaltigt worden war. Dieser Brief löste so viel Wut in dem Mönch aus, dass er sich ein Gewehr besorgen und den Seeräuber erschießen wollte. Gleichzeitig wurde ihm klar, dass es leicht war, nur an das Opfer und nicht an den Vergewaltiger zu denken. Er billigte die Tat des Seeräubers in keiner Weise; er wies darauf hin, dass wir imstande sind, schreckliche Dinge zu denken, zu fühlen und zu tun, wenn unser Herz verschlossen ist. Er schrieb ein Gedicht mit dem Titel: »Bitte ruf mich bei meinen wahren Namen« als Erinnerung daran, dass wir *sämtliche* unserer Namen anerkennen müssen, nicht nur diejenigen, mit denen wir uns gern identifizieren. So gelingt es uns, zu jenen hartherzigen Teilen von uns Zugang zu finden, mit denen wir sonst nur selten in Berührung kommen. Und nur so können wir dem authentischen Mitgefühl und der Vergebung näher kommen.

Vor einigen Jahren schaute ich mir im Fernsehen einen Dokumentarfilm über die Hintergründe des Atombombenabwurfs von Hiroshima im Zweiten Weltkrieg an. Ich hatte bis dahin geglaubt, dass man mit dieser Entscheidung das Leben von 100 000 amerikanischen Soldaten hatte schonen wollen, die bei einer Bodeninvasion in Japan umgekommen wären. Ganz gleich, wie ich zu dieser Begründung stand, sie war auf irgendeine Weise vertretbar. Im Film wurde jedoch deutlich, dass sich die Japaner kurz vor dem Abwurf der Atombombe mit Kapitulationsabsichten getragen hatten und an die Sowjetunion als Vermittler herangetreten waren, um einen Frieden mit den Alliierten auszuhandeln. Präsident Truman und seine Berater lehnten vor dem Einsatz der Bombe alle Verhandlungen ab und weigerten sich sogar, die Kapitulationsbedingungen anzuhören. Beim Abwurf der Bombe ging es nicht nur darum, dem Krieg ein Ende zu machen und das Leben amerikanischer Soldaten zu schonen, sondern auch, den Russen zu zeigen, wer mächtiger war. Als ich das hörte, reagierte etwas in mir so vehement, dass ich den Fernsehapparat abstellen musste. Ich spürte eine ungeheure selbstgerechte Wut auf die Befehlshaber, von denen ich bis dahin geglaubt hatte, dass sie zumindest aus integren moralischen Motiven heraus gehandelt hatten.

Als ich mit meiner Wut übte – indem ich sie ohne die beschuldigenden Gedanken zuließ –, fiel mir ein, was Thich Nhat Hanh mit seinem Gedicht ausgedrückt hatte. Ich *nahm bewusst wahr*, dass ich gar nicht so viel anders war als Präsident Truman und seine Berater. Ebenso wenig unterschied ich mich von den Bomberpiloten oder den Millionen von Menschen, die in Jubel ausbrachen, als sie hörten, dass die Bombe auf Japan niedergegangen war. Das war ein ernüchternder Augenblick für mich angesichts dessen, dass zahllose

Menschen umgekommen waren und das damals verursachte Leid bis auf den heutigen Tag nachwirkt. Ich weiß nicht, ob der Dokumentarfilm die Fakten richtig wiedergegeben hat, aber meine selbstgerechte und auf diesem Glauben gründende Wut war unverkennbar echt. Als ich sie mir anschaute und mich dem öffnete, was allem Anschein nach dermaßen abscheulich war, sah ich, dass mir die ängstliche und engstirnige patriotische Haltung, die zum Tode so vieler Menschen geführt hatte, in Wirklichkeit keineswegs fremd war. Tatsächlich war dieser konditionierte Zug in mir ebenso vorhanden.

Diese Einsicht gewann ich dadurch, dass ich meine Wut bewusst wahrnahm und sie durchschaute. Das ist ein wichtiger Punkt. Es ist leicht, intellektuell zu begreifen, dass andere aus ihren Schutzmechanismen und ihrem Schmerz heraus handeln und wir mit ihnen bestimmte Züge teilen, die wir lieber nicht in uns sehen möchten. Aber solch ein intellektuelles Verständnis berührt nicht wirklich unser Leben. Es kann niemals zu der mitfühlenden und authentischen Vergebung führen, die möglich ist, sobald wir mit unserem eigenen verschlossenen Herzen geübt und es durchschaut haben.

Wenn wir Vergebung üben, können wir uns von einem Leben in unserem isolierten Schmerz – der sich gewöhnlich als Ärger und Groll manifestiert – auf ein Leben hinbewegen, in dem wir den universalen Schmerz erleben, den wir alle miteinander teilen. Dieses Leiden ist es, was wir auf der Ebene der Erfahrung erkennen, wenn es uns gelingt zu sehen, dass wir vom Wesen her nicht anders sind als diejenigen, über die wir mit unseren Urteilen so rasch bei der Hand waren. Die Wahrheit des Leidens bewusst wahrzunehmen macht uns dafür frei, das universale Herz in uns zu entdecken: den essenziellen Fakt unserer grundlegenden Verbundenheit miteinander. An diesem Ort lösen sich die Illusionen, die uns glauben lassen, wir seien eine getrenntes und geschütztes Selbst, ganz von allein auf. Wir sehen die Welt nicht länger durch die Brille von »wir« gegen »die anderen«; wir sehen andere nicht länger als unsere Feinde. Wir sinnen nicht mehr auf Rache für das, was wir als Unrecht betrachten, und fordern keine Wiedergutmachung.

Wenn wir uns in den Prozess der Vergebung auf dieser Ebene begeben, in der die Illusion der Trennung zwischen uns und anderen zu schwinden beginnt, werden wir zutiefst gewandelt. Aber es fällt uns nicht leicht, zum Teil, weil wir uns dagegen sträuben, und zum Teil deshalb, weil es niemals leicht ist, in unseren Schmerz hineinzugehen. Die Verwandlung des Grolls vollzieht sich nur selten in ein oder zwei Meditationssitzungen. Wenn der Groll tief geht, kann es Monate in Anspruch nehmen. Auch der richtige Zeitpunkt ist ein wichtiger Faktor. Manchmal ist der Schmerz allzu frisch, wir müssen warten, bis die Intensität der Gefühle nachlässt.

Zuweilen hört man, dass man anderen erst vergeben kann, wenn man sich selbst vergeben hat. Das klingt zwar gut, doch sind wir mit dieser Formel ein wenig zu schnell bei der Hand. Es ist eine Teilwahrheit, die am Kern der Sache vorbeigeht. Worin besteht dieses »Selbst«, dem wir zuerst vergeben müssen? Es gibt dieses eine feste Selbst nicht. Die Illusion dieses Selbst ist die Quintessenz unseres egozentrischen Traums. Echte Vergebung *ist* unser wahres Wesen; es ist nicht so, dass ein »Selbst« einem anderen »Selbst« vergibt. Dieses Verständnis dämmert uns *von der Erfahrung her*, wenn wir nicht mehr an die Illusion des Selbst glauben. Statt also Vorstellungen zu formulieren, dass wir uns selbst vergeben müssen, bevor oder nachdem wir anderen vergeben, lenken wir unsere heilende Bewusstheit einfach auf das, was *ist*. Wir richten unser Augenmerk auf die Punkte, an denen wir Groll hegen, und auf all jene Menschen, denen wir nicht vergeben können.

Obwohl Vergebung mit zum Wichtigsten gehört, was wir tun können, ist sie dennoch eine der Übungen, mit denen wir uns am wenigsten beschäftigen wollen. Für die Vergebungsmeditation im Anschluss an dieses Kapitel sollten wir Zeit und Geduld mitbringen. Wenn wir sie regelmäßig üben, können Wärme und Mitgefühl allmählich die Härte und Bitterkeit des Grolls ersetzen. Es kann hilfreich sein, an die Worte zu denken, die traditionell am Eingang von Zen-Tempeln stehen:

> Lasst uns ehrfürchtig eingedenk sein:
> Leben und Tod sind von höchster Wichtigkeit.
> Die Zeit flieht dahin
> und mit ihr unsere einzige Chance.
> Jeder von uns muss danach streben zu erwachen.
> Seid achtsam, verschwendet euer Leben nicht.

Diese Worte weisen auf die Torheit unseres verkehrten Denkens und das ganze Ausmaß unserer ständigen Entscheidungen hin, uns von emotionalen Reaktionen, wie dem Groll, verschließen zu lassen. Wenn wir den Schmerz unserer Härte spüren und uns die Folgen unseres Unwillens, uns zu öffnen, wirklich treffen, werden wir vielleicht motivierter sein, mit der entscheidenden Arbeit der Vergebung zu beginnen.

15

Vergebungsmeditation

Wenn Wut und Groll unser Herz versteinert haben, kann es sehr nützlich sein, Vergebung in Form einer geführten Meditation zu üben. Diese Meditation macht uns Bereiche bewusst, denen wir sonst vielleicht kein Augenmerk schenken würden. Ihr hauptsächlicher Zweck besteht darin, uns zu helfen, die emotionalen Reaktionen zu durchschauen, die der wahren Vergebung im Weg stehen, vor allem also, unseren Groll zu klären und zu heilen. Wahre Vergebung setzt voraus, dass wir als Erstes unseren eigenen Schmerz bewusst wahrnehmen und anschließend den Schmerz desjenigen, dem wir vergeben wollen. Aus diesem Verständnis heraus können sich die vermeintlichen Schranken zwischen uns und anderen auflösen. Die Meditation besteht aus drei Teilen.

Im ersten Teil *sehen* wir, wie wenig gewillt wir sind, dem anderen zu vergeben. Wir erleben, in welchem Maße wir lieber an unserem Groll festhalten möchten.

Im zweiten Teil machen wir uns alle emotionalen Reaktionen bewusst, die wir diesem Menschen gegenüber empfinden. Es geht darum, sie ohne Urteil *bewusst wahrzunehmen*, sie mit dem »Was-*ist*-das?«-Geist zu erleben. Nur wenn wir unsere Emotionen geklärt haben, können wir zum dritten Teil übergehen.

Beim dritten Teil »vergeben« wir dem anderen. Das ist nicht identisch damit, seine Handlungen zu billigen. Es bedeutet, dass wir, indem wir mit unserem eigenen Groll üben, schließlich *sehen*, dass der andere einfach aus seinem eigenen Schmerz heraus gehandelt hat.

Einer der wichtigsten Aspekte dieser Meditation besteht darin, das Gewahrsein vom anderen zum Herzen zu bringen, in den Raum in der Mitte der Brust. Das mag sich anfangs fremd und unangenehm anfühlen; was eine natürliche Folge unserer Gewohnheit und unseres Widerstands ist. Unser Bewusstsein auf den Bereich des Herzens zu lenken sorgt dafür, dass wir nicht so leicht einfach nur in das Nachdenken über unsere Gefühle abschweifen. Vielmehr erlaubt es uns, sie auf eine Weise zu empfinden, die authentisch und verwandelnd ist.

Es folgen die Anweisungen:

Setzen oder legen Sie sich bequem hin, und bewegen Sie sich so wenig wie möglich. Atmen Sie zwei- oder dreimal tief ein, und atmen Sie dann einfach ganz natürlich weiter.

Bringen Sie sich den Menschen zu Bewusstsein, gegen den Sie Groll hegen.

Spüren Sie einen Augenblick lang, was beim bloßen Gedanken an Vergebung in Ihnen hochkommt. Wie lange möchten Sie Ihr Herz vor diesem Menschen noch verschließen und damit vor dem Leben als Ganzem? Wenn Sie nur noch ein paar Tage zu leben hätten, würden Sie den Groll und die Bitterkeit dann behalten wollen?

Jetzt erinnern Sie sich an die Situation, die Ihren Groll ausgelöst hat. Fühlen Sie alles, was auftaucht. Versuchen Sie nicht, irgendetwas zu tun; nehmen Sie einfach das Gefühl in Ihrem Körper wahr. Nehmen Sie wahr, in welchem Maße Sie diesem Menschen nicht vergeben wollen. Nehmen Sie wahr, in welchem Maße Sie nicht gewillt sind, diesen Menschen überhaupt in Ihre Meditation zu bringen. Erkennen Sie Ihren Unwillen an, und begegnen Sie den Empfindungen des Widerstands mit einem nichturteilenden Gewahrsein. Wie fühlt es sich in Ihrem Körper an, diesen Menschen wegzustoßen?

Erlauben Sie dem Widerstand einfach, da zu sein, und lassen Sie nun zu, dass der Raum des Bewusstseins um ihn herum sich erweitert. Machen Sie sich Sinneswahrnehmungen aus der Außenwelt bewusst: hören Sie die Geräusche in der Umgebung, fühlen Sie die Lufttemperatur. Fühlen Sie, wie sich die Beschaffenheit des Widerstands ändert, wenn er von einem Gefühl der Weite umgeben ist.

Beginnen Sie, ins Herz zu atmen. Fühlen Sie die Beschaffenheit des Herzens.

Versuchen Sie jetzt, das Gewahrsein dieses Menschen näher an sich heranzulassen. Während Sie ins Herz atmen, lassen Sie die Gegenwart dieses Menschen beim Einatmen ans Herz heran. Beim Ausatmen atmen Sie einfach aus – versuchen Sie nicht, irgendetwas Besonderes zu tun. Nehmen Sie, ohne zu urteilen, alle Emotionen wahr, die auftauchen. Gibt es da Wut, Groll und Bitterkeit? Angst oder Trauer? Fragen Sie: »Was *ist* das?« Registrieren Sie alles, was auftaucht, und nehmen Sie es bewusst in Ihrem Körper wahr. Wenn Sie sich in Gedanken, Erinnerungen und Rechtfertigungen verlieren, kehren Sie zu den Gefühlen in Ihrem Körper zurück, indem Sie ins Herz atmen. Wo fühlen Sie sich verspannt, verkrampft oder steif? Wo sitzt der Schmerz, die Starrheit, das nervöse Beben? Wie fühlen sie sich genau an? Fragen Sie sich: »Was *ist* das?«, und fühlen Sie es. Bleiben Sie beim Gewahrsein Ihrer körperlich-emotionalen Reaktionen. Bleiben Sie so lange dabei, wie Sie brauchen, um sie, so schmerzhaft sie auch sein mögen, zulassen zu können, ohne sie wegschieben zu müssen. Bleiben Sie dabei. Atmen Sie ein und aus. Hören Sie die Geräusche draußen. Hören Sie die Geräusche im Raum. Spüren Sie die Luft, die Sie umgibt. Atmen Sie. Verweilen Sie dabei.

Kehren Sie dazu zurück, die Person zu visualisieren, der Sie vergeben wollen. Holen Sie die Gegenwart dieser Person beim Einatmen noch tiefer in den Herzbereich. Wenn Sie einatmen, sagen Sie den Namen der Person. Dann sagen Sie folgende Worte:

Ich vergebe dir.
Ich vergebe dir für alles, was du getan hast,
ob absichtlich oder unabsichtlich,
das mir Schmerz zugefügt hat.

Ob es etwas war, was du getan,
oder etwas war, was du gesagt hast. Ich vergebe dir.

Ich vergebe dir,
weil ich weiß, dass das, was du getan hast,
aus deinem eigenen Schmerz gekommen ist.

Wiederholen Sie diese Worte, bis Sie spüren, dass die Barriere zwischen Ihnen und dem anderen sich aufzulösen beginnt.

Wenn Sie immer noch nicht das Empfinden von Vergebung haben und ein Rest von Härte um Ihr Herz herum bleibt, fahren Sie einfach fort, eine Weile in Ihr Herz zu atmen, und lassen Sie sich zumindest die Möglichkeit der Vergebung irgendwann in der Zukunft offen. Wenn Sie diese Meditation regelmäßig durchführen, wird der Prozess der Vergebung allmählich den festen Griff des Grolls lockern.

Wenn Sie diese Meditation ein paarmal durchgeführt haben, könnte es hilfreich sein, den Text auf Tonband aufzunehmen. Lesen Sie ihn langsam und kalkulieren Sie zwei- oder dreiminütige Pausen für die bewusste Wahrnehmung der aufkommenden Gefühle ein. Ändern Sie den Text und formulieren Sie ihn so, wie er am besten für Sie passt.

16

Sich dem Verlust öffnen

Wir alle tragen eine Menge Trauer mit uns herum, nicht nur um Verstorbene, sondern um jede Situation, die eine intensive emotionale Verlustreaktion ausgelöst hat. Bei jedem Verlust – einer Beziehung, unserer Ideale und Träume, unserer Helden oder unseres Glaubens – neigen wir dazu, unsere Gefühle zu vergraben und einen Panzer zu errichten, um uns gegen das Gefühl des Abgrunds, der Verzweiflung und Isolation zu schützen. Das ist Trauer.

An irgendeinem Punkt auf dem Übungsweg kommen wir mit diesen Schutzpanzern, die dafür sorgen, dass wir auf unsere enge Welt beschränkt bleiben, unmittelbar in Berührung. Zu der Zeit, als wir diese Barrieren errichtet haben, haben wir sie vielleicht gebraucht; wir waren womöglich noch nicht so weit, uns der Intensität unserer Gefühle zu öffnen. Sich auf diese Weise zu schützen, kann eine gute Sache sein. Doch wenn wir den Wunsch haben, den Weg des Erwachens zu gehen, und uns in der Weite der Dankbarkeit und liebevollen Güte zu entspannen, müssen wir imstande sein, uns dem Verlust voll und ganz zu öffnen. Sich dem Verlust zu öffnen, ist eine der schwierigsten und gleichzeitig zutiefst erfüllenden Übungen auf dem Weg.

Trauer lässt sich schwer fühlen, weil sie häufig sowohl intensiv als auch schwer greifbar ist. Sie wechselt ständig ihr Gesicht. Manchmal kommt sie als Wut, manchmal als Angst, oft als Kummer und Verzweiflung daher. Manchmal taucht die Trauer in Augenblicken auf, in denen wir nie mit ihr rechnen würden – wenn wir einen Vogel singen hören oder eine Blume blühen sehen. Mit dem Kummer und den Tränen kann gleichzeitig oft ein tiefes und überwältigendes Gefühl von Freude einhergehen, das wir nicht einordnen können.

Ein einziger kleiner Augenblick der Trauer bringt häufig ganze Schichten von unaufgelöstem Schmerz zum Vorschein, denen wir aus dem Weg gegangen sind, wie etwa Schmerzen der Trennung, des Verlassenseins oder der Ungeborgenheit. Die Trauer sorgt dafür, dass wir uns müde und erschöpft, leer und unvollständig, in Panik, verzweifelt oder ohne Halt fühlen. Kein Wunder, dass sie sich oft als dumpfe Benommenheit manifestiert, in der die Gefühle von Trennung, Isolation und Kontrollverlust erstarren. Und immer steckt in Trauer und Verlust auch die Sehnsucht – nach Ganzheit, Vollständigkeit, Harmonie und Verbindung.

Viele Situationen lösen Trauer aus, nicht nur der Tod eines geliebten Menschen. Menschen, die eine Scheidung hinter sich haben, fühlen Trauer als Wut über das Zerbrechen ihrer Ideale oder als Kummer über den Verlust tiefer Bande. Bei Menschen, die den Glauben an ihre Religion verlieren, besonders wenn sie sie als Quelle der Unterstützung empfunden haben, zeigt sich die Trauer vielleicht als Leere und Haltlosigkeit. Jeder, der den Zusammenbruch seiner Helden und Idole erlebt hat, hat Gefühle von Kummer und Unvollständigkeit kennen gelernt, die Teil der Trauer sind. Wenn jemand, den wir lieben oder bewundern, stirbt, gilt unsere Trauer oft mehr uns selbst als demjenigen, den wir verloren haben; sie gilt unseren Erwartungen und Träumen, die vielleicht niemals mehr in Erfüllung gehen werden. Und was geschieht, wenn unsere Lehrer, die wir auf den Sockel gestellt haben, zeigen, dass sie nur allzu menschlich sind? Ist die Enttäuschung, die wir spüren, nicht ein anderes Gesicht der Trauer? Unser Ärger, Selbstmitleid und Zynismus zu solchen Zeiten sind in Wirklichkeit Trauer, hinter der sich innere Bedürfnisse verstecken, die vielleicht nie befriedigt werden.

Wenn wir um den Verlust eines Menschen oder einer Sache trauern, erleben wir oft den Schmerz und Kummer der Trennung. Wir spüren ihn als Stechen, als eingeschnürte Kehle, als Loch mitten in der Brust. Oft werden Ängste wachgerufen – vor Isolation, Leere, dem Unbekannten. Und fast immer ist da die Unsicherheit, einen Anker zu verlieren, und das Gefühl des Abgrunds, wenn wir spüren, dass es nichts gibt, woran wir uns festhalten können.

Wenn der mit dem Verlust einhergehende Schmerz kommt, können wir versuchen, ihn entweder abzuwehren oder zu vergraben oder ihn schließlich doch einzulassen. In Anbetracht der vielen Gesichter, die die Trauer annimmt, verwundert es nicht, dass wir so oft beschließen, sie wegzuschieben. Es ist nicht nur schwierig, dem Verlust einen Sinn abzugewinnen, noch schwieriger ist es, die intensiven und oft unangenehmen Empfindungen zuzulassen, die daraus folgen. Wir bedienen uns oft kulturell akzeptierter Methoden, um den Schmerz nicht spüren zu müssen. Vielleicht legen wir uns das Gefühl des edlen Märtyrers zu, der »leiden muss«. Vielleicht zwingen wir uns auch dazu, »stark zu sein« oder »auf die richtige Art« zu trauern. Möglicherweise versuchen wir als spirituelle Menschen sogar, Situationen aus einer höheren Sicht zu betrachten, und tun so, als verstünden wir, dass »Gottes Wege unerforschlich« oder »Leben und Tod eins« sind. Aber wenn wir dies als *Einstellung* vor uns her tragen, ohne das dazugehörige innere Verständnis zu besitzen, oder irgendeine andere Haltung einnehmen, die uns davon abhält, uns aufrichtig mit dem zu konfrontieren, was wirklich vorgeht, ist das nur eine weitere Methode, die Trauer zu vergraben und unser Herz gegen die Gefühle von Angst und Schmerz zu panzern.

Gleichwohl hat ein Verlust, besonders der Tod eines geliebten Menschen, wie nur wenige Umstände im Leben auch die Macht, unser höheres Bestreben zu wecken. Der Tod, eine schwere Erkrankung oder Verletzung können uns direkt in die Wirklichkeit katapultieren. Plötzlich sehen wir, welch einen großen Teil unseres Lebens wir auf Trivialitäten verschwenden; wir erkennen, wie dünn das Eis ist, auf dem wir laufen; wir sehen, dass die Zeit rasch dahineilt, und mit ihr unsere einzige Chance, zu einem authentischen Leben zu erwachen.

Das Überdenken der Prioritäten bildet den Anfang des Prozesses, sich dem Verlust zu öffnen. Wir sind nicht mehr so versessen darauf, uns an unsere Schutzmechanismen zu klammern, oder so sehr daran interessiert, uns die Götzen der Behaglichkeit und Sicherheit zu erhalten. Wir beginnen, die Kleinheit unserer Einstellungen und Meinungen zu spüren und zu fühlen, wie sehr wir unser Herz ängstlich verschließen. Wenn wir unsere Prioritäten wieder vom Kopf auf die Füße gestellt haben, werden wir bereitwilliger sein, die Intensität des Verlustes in unsere Wahrnehmung einzulassen. Aber wie gelingt uns das? Wie können wir uns dem Verlust am besten öffnen?

Sich dem Verlust zu öffnen heißt, sich dem bewussten Wahrnehmen selbst zu öffnen. Das beinhaltet, dass wir unsere Aufmerksamkeit auf einen Punkt direkt in der Brustmitte richten, der manchmal der Trauerpunkt genannt wird. In der Akupunktur wird er als 17. Punkt des »Empfängnisgefäßes« klassifiziert, eines Meridians oder einer Energielinie, die mitten über die Vorderseite des Körpers verläuft. Bei intensiver Trauer ist dieser Punkt manchmal so empfindlich, dass wir ihn spüren können, wenn wir ihn mit den Fingern drücken.

Bei dieser Übung richten wir unsere Aufmerksamkeit zunächst darauf, wie sich der Verlust im Körper ausdrückt. Vielleicht erleben wir ihn als Schwere, Schmerz oder als eingeschnürte Kehle. Während wir in die Mitte der Brust atmen, nehmen wir die Empfindungen des Verlustes in unser Herz hinein. Beim Ausatmen lassen wir den Atem sanft hinaus. Wir versuchen nicht, mit unserer Erfahrung des Verlusts irgendetwas anderes zu tun, als sie einzulassen. Wir versuchen nicht, sie zu verwandeln. Wir versuchen nicht, sie loszulassen. Indem wir sie ins Herz atmen, laden wir uns selbst ein, sie in der Weite des Herzens jenseits des Denkens neu zu erleben.

Vor kurzem erkrankten zwei meiner Freunde schwer an Krebs. Der Gedanke, dass sie bald sterben würden, machte mich traurig und bedrückt. Ich merkte nicht einmal, wie gefangen ich in düsteren Vorstellungen war wie »Das Leben ist einfach zu furchtbar«. Doch als ich daran dachte, in die Mitte der Brust zu atmen und die Schwere und Düsterkeit direkt ins Herz hineinzuholen, änderte sich mein Verlustgefühl erheblich. Die Übung, ins Herz zu atmen, untergrub die Kraft der Gedanken; und nach nur wenigen Minuten, in denen ich im Wahrnehmen verweilte, verschwand meine Bedrücktheit. Nur die Trauer blieb – aber es war eine Trauer ohne Schwere, ohne Vorstellungen, ohne Melodrama. Und in dieser Trauer lag auch eine Offenheit dem Leben gegenüber und ein tiefes Empfinden der Verbundenheit mit meinen Freunden. Es fühlte sich wie eine viel echtere und authentischere Reaktion auf den Augenblick an.

Einige Lehrer sagen, selbst Gefühle von Trauer seien noch ein Zeichen spiritueller Unreife; ein wahrhaft erwachtes Wesen sei frei von solchen Reaktionen. Würden wir Trauer empfinden, wenn wir keine Erwartungen und Forderungen hätten? Würden wir den Schmerz der Trauer spüren, wenn es keine Abhängigkeit und keine Konditionierung gäbe?

Diese Sicht gründet natürlich auf der absoluten Perspektive, die besagt, dass wir viel mehr als dieser Körper und dieses persönliche Selbst sind. Ihr zufolge werden wir nur Freiheit von unseren normalen Konditionierungen erleben können, den Konditionierungen, aus denen unsere Trauer entsteht, wenn wir uns mit der unendlichen Größe des Seins verbinden.

Dennoch sind solche flüchtigen Ahnungen, die wir von dem erhaschen, was im höchsten Maße wirklich ist, nicht dauerhaft. Selbst wenn wir zusehends begreifen, dass unser individuelles Leben angesichts der ungeheuren Größe des Kosmos vergänglich, unbeständig und unendlich klein ist, haben wir dennoch unsere allzu menschlichen Gefühle. Ebenso wenig verschwindet unsere Konditionierung deshalb, weil wir eine flüchtige Ahnung von unserer unendlichen Größe erhaschen. Wir bleiben Menschen, die in einer konditionierten Welt leben. Das kommt sehr treffend in einem Zen-Gedicht zum Ausdruck:

> Das Leben ist nur ein Tautropfen,
> zitternd auf einem Blatt.
> Und dennoch …
> Und dennoch …

Wir können nur von dem Punkt aus üben, an dem wir stehen, nämlich in der konditionierten Welt. In dieser Welt lassen sich Trauer und Verlustschmerz nicht vermeiden. Was wir vermeiden *können*, ist, uns in ihnen zu ergehen. Indem wir lernen, den Schmerz direkt in unser Herz zu atmen – wo sich ichbezogene Gedanken von Selbstmitleid, Wut und Angst auflösen –, können wir uns zu einem echten Kontakt mit der innewohnenden Weite unseres wahren Wesens hinbewegen. Beim Üben mit dem Verlust ist es möglich, sehr konkret, Schritt für Schritt, mit den Bedingungen und Anhaftungen zu arbeiten, die unsere emotionalen Reaktionen verstärken. Tatsächlich gibt es eine sehr nützliche Meditation, die uns hilft, Klarheit in den Trauerprozess zu bringen, selbst wenn wir keinen äußeren Katastrophen ausgesetzt sind. Ich lernte eine Version dieser Meditation bei einer Ausbildung in Sterbebegleitung kennen. Ich fand sie so hilfreich, dass ich sie seitdem in modifizierter Form weiter angewendet habe.

Auf zwanzig Kärtchen schreibe ich die Namen von Menschen, die mir nahe stehen, von Rollen, mit denen ich mich stark identifiziere (Lehrer, Verfasser von Büchern etc.), von Lieblingsbeschäftigungen (Spazierengehen, Leichtathletik etc.) oder anderen wichtigen Komponenten meines Lebens (Gesundheit, materielle Sicherheit etc.). Sie bilden meine stärksten Anhaftungen und daher die Punkte, an denen meine Erwartungen und emotionalen Reaktionen am massivsten sind. Im Abstand von einigen Wochen nehme ich die zwanzig Karten zur Hand und setze oder lege mich hin. Mit geschlossenen Augen mische ich sie, während ich anfange, ins Herz zu atmen.

Wenn ich den Eindruck habe, zur Ruhe gekommen zu sein, blättere ich die Karten blind durch, bis ich bei einer bestimmten Karte hängen bleibe. Ich frage mich: »Was würde ich empfinden, wenn ich darauf für immer verzichten müsste?« Ich öffne die Augen und versuche beim Lesen der Karte zu fühlen, wie es sein würde, den Verlust zu erleben. Gleichzeitig atme ich bewusst ins Herz ein und aus.

Wenn der Name einer Person auf der Karte steht, stelle ich mir vor, dass diese Person tot ist und ich nie mehr in der Lage sein werde, sie zu sehen oder mit ihr zu sprechen. Ich führe mir die konkreten Situationen vor Augen, in denen ich gegenwärtig Kontakt mit ihr habe, und stelle mir dieselben Situationen ohne sie vor. Kurz gesagt, ich versuche, diese Übung so realistisch wie möglich zu gestalten, um tatsächlich mit dem Verlustschmerz in Kontakt zu kommen.

Warum sollte sich jemand einer so scheinbar trübsinnigen Beschäftigung mit persönlichem Leid hingeben? Zweifellos kann diese Übung einige intensive und unangenehme Gefühle auslösen. Dennoch besteht ihr Zweck nicht darin, das Leid zu vertiefen, sondern sie erlaubt uns ganz im Gegenteil, die Wurzeln eines Großteils unseres Schmerzes klar zu sehen und bewusst wahrzunehmen – unsere Erwartungen, Forderungen, Anhaftungen und von uns gehätschelten Meinungen. Wenn wir sie untersuchen und die Bedingungen, aus denen ein Großteil unseres Leidens entsteht, bewusst wahrnehmen, können wir allmählich freier davon werden. Und anders als eine Situation im wirklichen Leben, wo der Schock des Verlustes stärker sein kann als unsere Fähigkeit, damit umzugehen, vollzieht sich diese Übung in der kontrollierteren Umgebung der Meditation.

Was lernen wir aus einer Übung wie dieser? Wenn wir uns vorstellen, dass ein Mensch, den wir lieben, gestorben ist, wird uns deutlich, wie unwichtig die meisten unserer Erwartungen und Pläne sind. Wir können die emotionalen und körperlichen Spannungen, die aus diesen Erwartungen und Plänen entstehen, *bewusst wahrnehmen*, sodass der Weg für eine größere Dankbarkeit und eine tiefere Verbindung zu unserem Leben frei wird. Wenn wir uns den Verlust materieller Sicherheit vorstellen, sind wir imstande, wirklich zu sehen und bewusst wahrzunehmen, wie wir an Geld und Besitz haften; so können wir uns zumindest von einigen der Ängste befreien, die uns so sehr begrenzen. Mit diesen Anhaftungen zu üben, kann uns nach und nach von den emotionalen Elementen befreien, die *wir selbst hinzugefügt haben*, jenen, die eine tiefere Verbundenheit und echte Dankbarkeit verhindern. Diese vorweggenommene Verlustübung ist eine kleine Hilfe, um die Last unseres unaufgelösten Schmerzes zu erleichtern. Doch um den Wert dieser Übung wirklich kennen zu lernen, müssen Sie sie mindestens ein paarmal selbst durchführen.

Meiner Erfahrung nach gibt es keine vorhersehbare oder immer gleiche Reaktion, wenn ich mein Augenmerk auf eine Karte richte. Manchmal fühle ich sehr wenig, und in diesem Fall beende ich die Übung einfach. Als einmal der Name einer meiner Töchter auftauchte, war die Reaktion so stark, dass ich einfach nur versuchte, mich dieser Erfahrung eine Minute lang auszusetzen, um dann später auf sie zurückzukommen. Oft bekomme ich jedoch neue Einsichten in meine Anhaftungen, die mir sonst verwehrt geblieben wären. Indem ich das Gefühl des Verlusts fortlaufend ins Herz atme, bin ich imstande, ein Gefühl der Weite zu erleben, aus dem ein tieferes Gefühl der Dankbarkeit entsteht.

Wenn wir das innere Chaos der Trauer mit der damit einhergehenden Panik des Abgrunds und der Trennung spüren, was ist dann notwendig, um es in uns einzulassen? Bestimmt kein vom Willen oder vom Ego gesteuerter Akt. Vielleicht ist Kapitulation das einzige Wort, um den Prozess, sich dem Verlust zu öffnen, zu beschreiben. Obwohl wir uns nicht dazu zwingen können zu kapitulieren, können wir uns die physische Wirklichkeit des gegenwärtigen Augenblicks bewusst machen. Indem wir unser Bewusstsein auf die Mitte der Brust richten, indem wir die körperlich-emotionalen Empfindungen des Verlusts beim Einatmen direkt ins Herz atmen, können wir die heilende Kraft der Weite des Herzens erleben. Das Üben auf dieser Ebene ist im Wesentlichen religiöser Natur, weil wir vor etwas Größerem als dem Ich kapitulieren. Wir treten in die Wirklichkeit von »dein Wille geschehe« ein, wo sich das Ich – das kämpfende, getrennte Selbst – in der Weite des gegenwärtigen Augenblicks auflösen kann. Indem wir uns dem Verlust öffnen, indem wir vor dem Augenblick kapitulieren, indem wir lernen, den ungeheilten Schmerz in uns einzulassen, den wir vorher weggeschoben haben, lernen wir nach und nach, aus dem Herzen zu leben, das nur Verbundenheit kennt.

17

Mit Sexualität üben

Ein junger Zen-Schüler stellte fest, dass er sexuelle Schwierigkeiten hatte. Er erwog, den Rat seines Lehrers einzuholen, zögerte aber bei diesem Gedanken. »Vielleicht ist es unpassend, mit meinem Lehrer über Sexualität zu sprechen. Was soll er von mir denken?« Schließlich ging er doch zu seinem Lehrer und beschrieb ihm seine Lage. Der Lehrer sagte ihm: »Wir müssen gegen die Begierde ankämpfen. Wir müssen gegen die Begierde *ankämpfen*. Setzen Sie sich auf Ihr Kissen und lernen Sie, was es bedeutet, gegen die Begierde anzukämpfen.«

Der gehorsame und beharrliche Schüler tat, wie ihm geheißen. Er kämpfte und kämpfte gegen die Begierde. Aber aus irgendeinem Grund kam er nicht weit. Tatsächlich schien es ihm, als würde sein Problem größer. Also beschloss er, einen anderen Lehrer um Rat zu fragen. Dieses Mal wandte er sich an einen Lehrer, der sehr berühmt für seine tiefe Zen-Weisheit war. Der Lehrer schaute ihn auf unnachahmliche Zen-Weise an und sagte: »Kein Sex. Kein *Nicht*-Sex. Nicht eins. Nicht zwei.« Damit läutete er die Glocke und entließ den Schüler.

Der Schüler war von dieser Lehre beeindruckt, doch als er wieder auf dem Meditationskissen saß, hatte er keine Ahnung, was er damit anfangen sollte. Schließlich beschloss er, zu einem dritten Lehrer zu gehen, einem, der für seine hingebungsvolle Übungspraxis bekannt war. Der Schüler suchte den Lehrer auf und schilderte ihm sein Problem. Der Lehrer sagte: »Tun Sie Folgendes: Wenn Ihr sexuelles Problem in Ihren Gedanken auftaucht, unterbrechen Sie einfach Ihre Tätigkeit und machen Sie 108 vollständige Niederwerfungen, während Sie nur an Avalokiteshvara, den Bodhisattva des Mitgefühls, denken.« Dem Schüler gefiel dieser Rat ungemein gut, denn jetzt hatte er endlich etwas, was er tun konnte, etwas, was ihm direkt aus der Praxis gegriffen zu sein schien.

Er befolgte den Rat des dritten Lehrers und wurde außerordentlich gut im Niederwerfen. Aber nach einiger Zeit hatte er das Gefühl, als würde er einen Ballon genau in der Mitte zusammenpressen. Während er die Mitte fast zerdrückte, standen die beiden Enden kurz vor dem Platzen. Er begriff, dass er sich immer noch nicht mit dem Problem auseinander gesetzt hatte.

Obwohl der Schüler entmutigt war, beschloss er, noch einen weiteren Lehrer zu konsultieren. Ihm schwante, dass er sich womöglich zu sehr unter Druck gesetzt hatte; also entschied er sich für einen Lehrer, der als locker galt. Er ging zu dem Lehrer und schilderte ihm die Situation. Der Lehrer sagte: »Kein Problem. Werden Sie einfach eins damit, und dann lassen Sie es los.« Da wurde der Schüler zynisch. Er begriff, dass dieser Rat nichts als leere Worte waren. Aber er hatte immer noch die ehrliche Motivation, sich mit dem Problem auseinander zu setzen und es nicht einfach unter den Teppich zu kehren.

Noch einmal suchte er einen Lehrer auf. Und bei der Antwort seines letzten Lehrers begriff er schließlich, was alle anderen Lehrer davor ihm hatten sagen wollen: »Wir sprechen hier nicht über Sex.«

Wie die meisten anderen »Zen-Geschichten« in diesem Buch beruht diese Geschichte nicht auf Tatsachen. Ich habe sie als Verständnishilfe für unsere eigene Situation erfunden. Es ist wahr: Wir sprechen zumindest in der Übungspraxis *nicht* über Sex – insbesondere nicht öffentlich. Warum nicht? Auch wenn sexuelle Themen und so genannte sexuelle Freizügigkeit in aller Munde sind, betrachten wir im Grunde Sexualität immer noch als etwas Dunkles und Verbotenes. Selbst wenn wir uns dieser dunklen Unterströmung nicht bewusst sein mögen, ist sie tief in unser Zellgedächtnis eingebrannt.

Als Übende müssen wir uns sexuelle Fragen zunächst einmal zu Bewusstsein bringen. So machen wir sie zu einem Teil unserer Übungspraxis. Es ist notwendig, dass wir unsere *eigenen* Erwartungen auf diesem Gebiet sehen. Da diese Erwartungen möglicherweise verborgen sind, sind sie oft nicht das, wofür wir sie halten. Angenommen, wir sind in einer Familie aufgewachsen, in der selten über Sexualität gesprochen wurde oder es wenig körperliche Zuwendung gab. Doch möglicherweise war sexuelle Freizügigkeit die Norm im Fernsehen, Kino und bei unseren Freunden. Auch wenn wir uns über sexuelle Dinge frei äußern und in diesem Punkt augenscheinlich auch frei handeln, erleben wir Sexualität dahinter immer noch als schuld- und schambesetzt oder sind ein wenig prüde.

Ist Sexualität nicht ein Bereich unseres Lebens, der meist

unbeleuchtet bleibt, zumindest, was die spirituelle Praxis angeht? Wir müssen einen Blick auf die Glaubenssätze und Einstellungen werfen, die wir nicht infrage gestellt haben, diejenigen, die wir blind als Wahrheit akzeptieren. Was fordern wir von unserem Partner? Wissen wir es überhaupt? Gehen wir davon aus, dass unser Partner immer auf uns eingehen sollte, wenn wir es wollen – dass seine Rolle darin besteht, uns zu befriedigen? Sind wir der Überzeugung, dass unser Partner uns immer zuerst fragen sollte, bevor er uns berührt? Glauben wir, dass zu viel Sex unvernünftig ist? Oder haben wir die Einstellung, dass nicht genug Sex unvernünftig ist? Sind wir der Ansicht, dass irgendetwas nicht mit uns stimmt oder wir ein Defizit haben, wenn unser Partner in sexueller Hinsicht nicht befriedigt ist? Wie gehen wir mit diesem Gefühl des Defizits um? Geben wir uns mehr Mühe, schlagen wir um uns, ziehen wir uns ins Schneckenhaus zurück oder vermeiden wir Sex sogar vollständig? Was wir auch tun, können wir es einfach als unser konditioniertes Muster, unsere alte mechanische Reaktion betrachten?

Registrieren Sie, wie Sie sich genau jetzt fühlen. Wie reagieren Sie auf diese Fragen? Möglicherweise *wollen* wir sie unter Übungsgesichtspunkten nicht einmal in Betracht ziehen. Doch Sexualität ist oft ein Gebiet, auf dem wir nicht wissen, was wir wirklich denken oder fühlen. Auf genau solchen Gebieten – wo keine Bewusstheit herrscht – verstricken wir uns am leichtesten im selbstsüchtigen Traum. Infolgedessen verwickeln wir uns vielleicht in Machtkämpfe auf sexuellem Gebiet, die sehr wenig mit dem Sex, aber desto mehr mit Kontrolle, Schuld oder anderen Problemen zu tun haben.

Unlängst kam ein Schüler zu mir, um mit mir ein so genanntes sexuelles Problem zu besprechen. Im Gespräch wurde deutlich, dass sein wirkliches Problem darin bestand, dass er sein sexuelles Verhalten vor allem in Form von Schuld und Scham erlebte, was dazu führte, dass er sich aus Beziehungen oder zumindest aus der körperlichen Intimität in Beziehungen zurückzog. Als offenbar wurde, dass dies kein *sexuelles* Problem war, sondern mit Gedanken zu tun hatte, die er für wahr hielt, konnte er mit den störenden Emotionen arbeiten, so wie man mit jedem gefühlsbesetzten Gedanken arbeitet. Aber da er auf dieses spezielle Gebiet niemals die Sicht der Übungspraxis angewandt hatte, nannte er seine chaotische Verwirrung ein »sexuelles Problem«.

Neben der Aufgabe, unser Bewusstsein für sexuelle Probleme zu öffnen, müssen wir auch herausfinden, inwieweit unsere tief gehegten Glaubenssätze auf Angst gründen. Sobald wir unsere Ängste erkennen, müssen wir prüfen, wo unsere flexiblen Grenzen liegen. Glauben wir beispielsweise, dass wir in einer Beziehung unbedingt Monogamie brauchen? Glauben wir mit anderen Worten, dass unser Partner uns sexuell treu sein *muss?* Gründet dieser Glaube – falls wir ihn haben – auf einem klaren Verständnis der menschlichen Natur oder auf der Angst, betrogen, verlassen oder als unzulänglich betrachtet zu werden? Selbst wenn er auf Angst und Unsicherheit beruhen sollte, müssen wir möglicherweise dennoch anerkennen, dass unsere persönliche Grenze erreicht ist, über die wir meinen, im Augenblick nicht hinausgehen zu können. Genau dort stehen wir jetzt. Mit einem solchen Bewusstsein gründen wir unseren Anspruch auf Monogamie zumindest nicht auf die übliche oder absolute Moral. Wir begreifen ihn als das, was er ist, als eine angstbesetzte Konditionierung – nicht als eine unumstößliche Wahrheit.

Schauen wir uns die Kehrseite derselben Frage an. Vielleicht glauben wir, Monogamie sei einfach nur eine unnatürliche soziale Beschränkung unseres natürlichen Wunsches, uns als sexuelles Wesen zu betätigen. Gründet dieser Glaube auf einem klaren Verständnis der menschlichen Natur oder auf unserer egozentrischen Jagd nach Lust? Rechtfertigen wir diese Jagd anschließend damit, dass wir sagen, Monogamie sei unnatürlich, womit wir uns die Erlaubnis nehmen, das zu tun, was wir wollen? Wenn wir deutlich sehen, dass diese Überzeugung auf unseren egozentrischen Bedürfnissen beruht, wie gehen wir dann damit um?

Wir müssen auch imstande sein, die Macht der sexuellen Energie selbst anzuerkennen – nicht als etwas Schlechtes oder Gutes, sondern einfach als das, was sie ist. Was *ist* sexuelle Energie? Meinen wir es zu wissen? Können wir überhaupt sagen, was sie ist? Können wir sehen, wie viel Wissen aus zweiter Hand wir blind als die Wahrheit über sexuelle Energie akzeptieren?

Gelingt es uns überdies zu sehen, wie groß die Rolle ist, die sexuelles Verlangen in unserem Leben spielt, ungeachtet dessen, für wie spirituell wir uns halten? Können wir sehen, dass das Verlangen, wenn es besonders stark ist, seinen eigenen Regeln folgt und jede Absicht, es im Zaum zu halten, uns schachmatt setzt? Ist uns deutlich, dass wir beim Auftreten von starkem sexuellem Verlangen oft glauben, wir *müssten* es befriedigen? Diese Überzeugung fühlt sich so sicher an, dass wir sie als unumstößliche Wahrheit betrachten. Wenn diese Art von Überzeugung uns beherrscht, müssen wir sie zumindest klar sehen. Wie üben wir mit unserem intensiven Lustverlangen, das in unseren Augen *jetzt* befriedigt werden muss?

Vielleicht meinen wir, wir müssten nichts weiter tun, als uns hinzusetzen und zu meditieren, um mit unseren starken sexuellen Begierden umzugehen. Wird das Sitzen als solches unsere Probleme beseitigen? Wenn wir dieser Meinung sind, wie gehen wir damit wirklich in der praktischen Übung um? Erwarten wir irgendeine magische Veränderung?

Sexuelles Verlangen ist nicht der einzige Punkt, mit dem wir uns beschäftigen müssen. Da das Verlangen das ist, was es zu sein scheint, können wir es zumindest mit einem gewissen Grad von Klarheit sehen. Sexuelle Fantasien sind eine komplexere Sache. Manchmal beruhen sie auf sexuellem Verlangen, sie können ihre Wurzeln aber auch in anderen Formen der Bedürftigkeit haben. Gelingt es uns zu sehen, in welchem Maße unsere Fantasien einfach nur eine Form von mentalem Trost sind, um das Loch der Sehnsucht zu stopfen und das ängstliche Beben des Seins zu unterdrücken?

Gelingt es uns, auftretenden sexuellen Fantasien mit der Frage zu begegnen: »Worin besteht hier das Üben?« Sind wir überhaupt bereit, in diesem Bereich zu üben? Vom Übungsstandpunkt aus müssen wir unsere Fantasien als das sehen, was sie sind. Sehr oft sind sie eine defensive Maske, fast vergleichbar mit dem Daumenlutschen. Wir tun alles, um dem schmerzhaften Loch der Sehnsucht und Einsamkeit zu entrinnen, das hinter diesen angenehmen Gedanken liegt. Wir müssen sehen, wie wenig wir gewillt sind, sie aufzugeben. Je deutlicher wir unsere Anhaftung sehen, desto effektiver ist das Üben.

Wir müssen uns auch sexuelle Wünsche anschauen, die mit unserer eigenen besonderen Dunkelheit durchtränkt sind, wie etwa dem Eroberungsbedürfnis oder dem Wunsch, etwas Verbotenes zu tun. Wie bringen wir unsere eigene Schattenwelt der privaten Dämonen und Grundängste ins Gewahrsein? Was ist mit sexuellen Abhängigkeiten, die, wie fieberhaft wir sie auch verfolgen, niemals zu wirklicher Befriedigung führen? Worin besteht die Übungspraxis in diesen Schattenreichen? Denken wir je daran, diese Frage zu stellen, wenn wir unter ihrem Einfluss stehen?

Es *ist* möglich, unsere sexuellen Energien und Fantasien als Gedanken zu benennen. Eine solche Übung könnte so aussehen: »Ich habe die Vorstellung, dass ich mir dieses sexuelle Verlangen erfüllen *muss*.« »Ich habe die Vorstellung, dass ich fantasieren *muss*.« Die sexuelle Energie auf diese Weise zu benennen, hilft uns, unsere starke Identifikation mit dem Verlangen zu brechen, und das erlaubt uns, es einfach als mechanische Reaktion, Obsession oder natürlich auftretendes Phänomen zu begreifen. Wenn wir glauben, was der Verstand uns sagt – »Dieses Verlangen bin ich« –, bleiben wir in einem Zustand geistiger Verschlossenheit, der gewöhnlich Enttäuschung und Leiden nach sich zieht. Wenn wir mit der Sexualität bewusst üben, können wir *zum* Verlangen eine Beziehung herstellen, statt *vom* Verlangen aus zu handeln; auf diese Weise werden wir frei von dem Gefühl, dass wir das Verlangen *sind*.

Ein Großteil der Schwere und Schuld im Zusammenhang mit sexuellen Fragen rührt unmittelbar daher, dass wir an unsere selbst auferlegten moralischen Urteile glauben. Der urteilende Geist ist gnadenlos. Mit Aussagen wie: »So bin ich, und das ist schlecht. Ich sollte nicht so sein« fügen wir unserem Leiden eine weitere Schicht hinzu. Unsere unablässige Selbstbeurteilung wird noch dadurch verschlimmert, dass wir meinen, wir sollten imstande sein, unseren Wünschen und Fantasien Einhalt zu gebieten. Wenn wir – so lautet unser Glaube – einmal beschlossen haben, ihnen Einhalt zu gebieten, werden wir auch imstande sein, unserem Entschluss Folge zu leisten. Selbst wenn ein Teil von uns diese Entscheidung rückhaltlos trifft, sind andere Teile von uns vielleicht nicht mit von der Partie. Welches »Ich« trifft die Entscheidung? Jemand hat einmal gesagt, Gott habe den Mann mit einem Gehirn und einem Penis erschaffen und mit gerade genug Blut, um nur jeweils eins von beiden einzuschalten. Wir wissen nie ganz sicher, welcher Teil gerade Regie führt. Wir brauchen vielleicht die Enttäuschung und den Schmerz, die aus dem rein mechanischen Verhalten resultieren, damit sie endlich das ernsthafte Bemühen in uns wecken, uns und andere nicht mehr durch unsere blinden Handlungen zu verletzen.

Die Lustunterdrückung, die eine der Hauptbestrebungen der Moral unserer Religion und Kultur bildet, ist nicht die Antwort. Der Versuch, die Lust zu unterdrücken, funktioniert selten; gewöhnlich bekommt sie dadurch noch mehr Macht. Auf das Objekt unserer Lust als »schlecht« zu verzichten, mag zu einem vorübergehenden Rückzug führen, aber am Ende werden unser Verlangen und unser Anhaften dadurch nur stärker.

Es gibt keine fertigen Rezepte, um mit den Fragen und Problemen im Zusammenhang mit Sexualität umzugehen. Zusätzlich zu dem Umstand, dass wir selten versuchen, diese Fragen in der Achtsamkeitspraxis anzuschauen, hat jede Situation auch noch ihre eigenen Schichten der Komplexität. Angenommen jemand hätte ein sehr starkes körperliches Verlangen nach seinem Partner, doch spürt er einen eindeutigen Mangel an Interesse von dessen Seite. Dieser Mensch steckt jetzt in der Klemme zwischen dem starken Drang, sein intensives physisches Verlangen zu stillen, und dem schützenden Drang, sich zurückzuziehen, um nicht verletzt zu werden. Worin besteht das Üben?

Wieder gibt es kein Rezept. Das Entscheidende ist, Bewusstheit in die Vorgänge zu bringen. Sobald der innere Konflikt klar gesehen wird, können wir tiefer schauen. Glauben wir wirklich, dass wir unser Verlangen befriedigen *müssen*, nur weil wir es verspüren? Bei vielen Menschen liegt hier ein blinder Fleck, der viel unnötiges Leid erzeugt. Sind wir überdies gewillt, uns unsere Verletzung, die wirkliche oder eingebildete »Zurückweisung« vonseiten unseres Partners, anzuschauen? Welche Bilder und Vorstellungen tragen wir mit uns herum? Glauben wir, unser Partner sollte unser sexuelles Interesse immer teilen und positiv darauf reagieren? Unsere Glaubenssätze deutlich zu sehen erlaubt uns, die Verletzung direkt als das zu sehen, was sie ist: eine Abwehrreaktion, um das zerbrechliche Bild unseres »Selbst« zu verteidigen.

Immer wenn wir ärgerlich oder verletzt sind, können wir uns ziemlich sicher sein, dass wir diesen Schutzmechanismus anwenden. Wir können auch sicher sein, dass wir versuchen, unsere Grundängste nicht spüren zu müssen, ganz gleich, ob sie auf dem Glauben beruhen, wir genügten dem anderen nicht, verdienten keine Liebe oder zählten nicht – wie auch immer unsere persönliche Variante aussehen mag. Mit diesen zentralen Glaubenssätzen zu arbeiten, die nicht nur im sexuellen Bereich, sondern auch auf zahllosen anderen Gebieten unser Leben beherrschen, ist ein integraler Bestandteil des Übens. Unsere zentralen Glaubenssätze müssen als das gesehen werden, was sie sind: tief verwurzelte Ansichten der Wirklichkeit, die wir aufgrund der Konditionierung durch unsere jeweiligen Lebensumstände als absolute Wahrheit akzeptieren. Sobald wir dies sehen, was keine einfache Sache ist, können wir uns in die physische Erfahrung der Verletzung selbst hineinbegeben und uns erlauben, unsere Empfindungen zuzulassen, ohne uns in den Gedanken, die wir für wahr halten, zu ergehen. Wie fühlt sich die Verletzung eigentlich an? Wie ist sie beschaffen? Wo spüren wir sie im Körper? Können wir, ohne zu denken oder zu analysieren, sondern indem wir den Augenblick selbst bewusst wahrnehmen, die Frage beantworten: »Was *ist* das?«

Was kommt dabei heraus? Niemand kann es sagen. Aber es ist eine Tatsache, dass bewusstes Wahrnehmen und Erfahren heilt. Es nimmt vielleicht jahrelange Arbeit und viele Fehlschläge in Anspruch, aber welche andere Wahl haben wir? Der Umgang mit sexuellen Fragen lässt sich immer – zumindest in Teilen – auf das grundlegende Üben reduzieren, uns selbst kennen zu lernen und die Bereitwilligkeit zu erlangen, uns auf das einzulassen, was das Leben uns bringt.

Wie schon erwähnt, hat das Üben mit so genannten sexuellen Problemen oft wenig mit Sexualität an sich und mehr mit den allgemeinen Mustern zu tun, die wir in eine Beziehung einbringen. Oft sind unsere Impulse Produkte unseres Denkens statt des natürlichen Auftretens sexueller Energie. Schauen wir uns nur einmal unsere Fantasien an, unser Angezogensein vom Verbotenen oder das sinnlose Beurteilen und Bewerten sexueller Leistung. Wie häufig nehmen wir Sexualität ohne die Filter unserer Gedanken und Konditionierungen wahr oder erkennen sie an? Die Hauptfragen, die wir stellen müssen, lauten: In welchem Maße ist uns unsere jeweilige Konditionierung und unser mechanisches Verhalten bewusst? Wie, wenn überhaupt, beeinflussen und regulieren kulturbedingte Moralvorstellungen unser Sexualleben? In welcher Weise werden wir von Gedanken, Ängsten und zentralen Glaubenssätzen gesteuert?

Ferner müssen wir untersuchen, inwieweit unsere emotionalen Reaktionen auf Sexualität von unserer Selbstbeurteilung getrübt sind. Die Haltung beim Üben hat nichts mit moralischen Vorstellungen wie richtig und falsch, gut und böse zu tun. Selbst bei der heiklen Frage der Monogamie behaupte ich nicht, dass es eine richtige oder falsche Position gibt, und ganz gewiss nicht, dass ich wüsste, was das Beste ist. Das Einzige, was ich sage, ist, dass die meisten Urteile über uns und andere die Folge von nicht angeschauten, tief konditionierten Glaubenssätzen sind.

Sind wir imstande, das Problem der Monogamie, wenn es sich stellt, mit einem klaren Blick, frei von konditionierten Glaubenssätzen zu betrachten? Es geht dabei nicht darum, eine neue moralische Vorschrift aufzustellen, sondern deutlich zu sehen, was wir mit unserem Leben machen. Nachdem ich in all den Jahren meine eigenen Schwierigkeiten und Probleme mit diesem Thema hatte, weiß ich, wie schwer es ist, es aus der Schattenwelt der konditionierten Glaubenssätze und schonungslosen Selbstbeurteilungen herauszuholen. Aber ich weiß auch, dass dies mit einer Mischung aus Beharrlichkeit und Güte machbar ist.

Es hat keinen Zweck, sich selbst zu bekämpfen, denn es gibt keinen Feind im Innern. Es geht nicht darum, Selbstvervollkommnung anzustreben, indem wir moralischer werden, mit all den Selbstbeurteilungen, die das beinhaltet. Die Motivation lautet nicht, uns oder andere zu verändern, sondern eine stärkere Bewusstheit und eine authentischere Lebensweise anzustreben. Solange wir mit einem Teil von uns Krieg gegen einen anderen Teil führen, verlieren beide Teile. Wenn wir unsere schonungslose Tendenz, zu urteilen, abmildern wollen, müssen wir als Erstes unsere gesamten konditionierten Glaubenssätze als das sehen, was sie sind. Sie sind nicht die Wahrheit, sondern bloß Glaubenssätze, ganz gleich, ob sie die Form von moralischen Vorschriften, Meinungen oder Selbstbeurteilungen annehmen. Wenn wir das klar sehen, können wir uns sexuellen Problemen von einem offeneren Standpunkt her nähern. Ohne diese Besänftigung und Leichtigkeit des Herzens kann der Übungsweg niemals der Schwere des selbst auferlegten Leidens entrinnen.

Solange wir dieses Thema nicht in unsere Übungspraxis einbeziehen und das, was wir tun und glauben, nicht ehrlich und präzise anschauen, werden wir fortfahren, uns und andere zu verletzen. Gelingt es Ihnen zu sehen, was Sie sich selbst antun, indem Sie an Ihren Vorstellungen davon festhalten, was Sexualität sein »sollte«? Können Sie sehen, was Sie anderen mit diesen Vorstellungen, Erwartungen und Forderungen antun? Können Sie sehen, wie die daraus folgenden Überzeugungen und Reaktionen wirkliche Nähe verhindern?

Wenn Probleme im Zusammenhang mit Sexualität auftauchen, kommt es vor allem darauf an, zu akzeptieren, dass diese Probleme unser Weg *sind*. Sie sind keine Hindernisse auf dem Weg, sondern der Weg selbst. Solange wir das nicht verstehen, wird die Sexualität uns weiter beherrschen, entweder offen in unserem Verhalten oder verdeckt in all ihren versteckten, aber potenziell destruktiven Formen.

Die Macht unserer sexuellen Energie lässt sich nicht leugnen. Diese Energie an sich ist jedoch weder gut noch schlecht. Wie immer liegen Himmel und Hölle dicht beieinander. Ob wir unsere Sexualität als Himmel oder Hölle erleben, beruht nur auf einem – darauf, wie klar und bewusst wir sind.

TEIL IV

Der Weg in die Freiheit

18

Eine dreispurige Autobahn

Zuweilen kann uns der Übungsweg sehr verwirrend erscheinen. Während wir auf dem Meditationskissen sitzen, fragen wir uns vielleicht: »Was *tue* ich eigentlich gerade? Soll ich mich auf meinen Atem konzentrieren? Was ist mit dem Gedankenbenennen – wie passt das hinein? Und was hat es damit auf sich, einfach nur in der Stille zu verweilen? Wo soll ich meine Emotionen und Glaubenssätze in alledem unterbringen? Wo füge ich eine Vergebungsübung oder eine Liebevolle-Güte-Übung ein?«

Wenn Ihnen jemand in einem beliebigen Augenblick auf die Schulter tippen und Sie fragen würde: »Worin besteht das Üben genau jetzt?«, würde Ihre ehrliche Antwort zu einem Großteil der Zeit vermutlich lauten: »Ich weiß es nicht.« Die Verwirrung entsteht nicht dadurch, dass es eine ganze Reihe verschiedener Übungen gibt, aus denen wir auswählen können, sondern dadurch, dass wir nicht begreifen, dass der Übungsweg sehr breit angelegt ist. All diese Ansätze sind nur verschiedene Aspekte ein und derselben Übung.

Eine nützliche Analogie ist, sich den Übungsweg als eine dreispurige Autobahn vorzustellen. Alle drei Spuren führen in dieselbe Richtung, aber wir wählen die Spur, die wir entsprechend unseren Voraussetzungen brauchen. Die erste

Spur wollen wir den Konzentrationsaspekt des Übungswegs nennen, bei dem wir auf den Atem achten oder die Atemzüge zählen. Eine solche Übung ist am Anfang des Sitzens oft nützlich, um unseren geschäftigen Geist zur Ruhe zu bringen. Die Stärke dieser Übung besteht darin, dass sie das Spektrum einengt; sie hilft uns, einen Schwerpunkt und Stabilität zu entwickeln. Aber in dieser Stärke liegt gleichzeitig auch ihre Schwäche. Beim Üben geht es nicht darum, das Leben auszuschließen, sondern sich ihm zu öffnen und es hereinzulassen. Dennoch ist diese begrenzte Übung manchmal notwendig und nützlich.

Wenn wir beim Sitzen zur Ruhe gekommen sind, können wir anschließend auf die zweite Spur wechseln, die man weit offenes Bewusstsein nennen könnte. Bei dieser Übung geht es darum, unsere Gedanken zu registrieren, unsere Körperempfindungen wahrzunehmen und uns der Sinneswahrnehmungen in der Umgebung bewusst zu sein. Hier könnten wir das im 2. Kapitel erwähnte duale Bewusstsein praktizieren, bei dem wir ein Drittel unserer Aufmerksamkeit auf den Atem und auf die Wahrnehmung von Geräuschen richten. Im Rahmen dieses Bewusstseins registrieren wir alle anderen Empfindungen und Sinneseindrücke, die auftauchen, und nehmen sie bewusst wahr. Dann weiten wir allmählich den Raum unseres Bewusstseins aus und schließen ein Empfinden unserer eigenen Präsenz, unseres eigenen Seins, ein. Dabei werden wir stiller und erlauben unserer bewussten Erfahrung einfach *zu sein*.

Die dritte Spur sind unsere emotionalen Überreaktionen, die auf Gedanken beruhen, denen wir Glauben schenken.

Ohne dass wir es merken, behindern uns Autos von Spur drei oft auf Spur zwei. Die Reizbarkeit schleicht sich an, wobei wir oft nicht einmal merken, dass sie da ist. Wenn wir die Aufgewühltheit spüren, fragen wir uns möglicherweise: »Worin besteht hier die Übungspraxis?« Auf Spur drei besteht sie darin, direkt mit unseren emotionalen Überreaktionen zu arbeiten. Durch das Gedankenbenennen sehen wir, wie unsere Überreaktionen eine Folge unserer endlos durchkreuzten Forderungen sind, dass das Leben so sein sollte, wie wir es haben wollen. Wir bleiben dann in der physischen Erfahrung des Unfriedens, bis wir nach einer Weile vielleicht einen Eindruck von den tief konditionierten Glaubenssätzen erhaschen, die immer wieder zum Unfrieden führen. Das ist keine intellektuelle Übung; wir müssen sehen und bewusst wahrnehmen, wie diese tief verwurzelten zentralen Glaubenssätze im Körper selbst zu Hause sind. Das bedeutet es, auf der dritten Spur zu fahren, der Überholspur, der Spur der Wandlung.

All diese Spuren gehören zusammen. Um auf der dritten Spur zu fahren – und mit unseren Gedanken und Reaktionen zu üben –, brauchen wir den weiteren Raum des Bewusstseins der zweiten Spur. Auf der zweiten Spur können wir die Stille erleben, in der die Energie unserer Emotionen – der Gedanken und Gefühle – über den Schirm unseres Bewusstseins laufen kann, ohne unseren blinden Glauben an sie zu aktivieren.

Um im weit offenen Bewusstsein der zweiten Spur zu bleiben, bedarf es oft der Konzentration und Stabilität der ersten Spur. Zusätzlich dazu müssen wir vielleicht die tief sitzenden Glaubenssätze der dritten Spur klären, sonst würden sie auf subtile oder gar nicht so subtile Weise die ganze Autobahn in Nebel tauchen.

Die Übung der Vergebung und liebevollen Güte gehört auf die besondere Spur der Fahrgemeinschaften, weil sie fast immer voraussetzt, dass wir den Übungsweg gemeinsam mit einem anderen Menschen unternehmen. Selbst wenn diese Spur eine Extraspur ist, für die eigene Verkehrsregeln gelten, führen alle Spuren in dieselbe Richtung – zum Aufwachen. Sie alle gründen auf der physischen Wirklichkeit des gegenwärtigen Augenblicks. Wir müssen berücksichtigen, *wo wir stehen*, wenn wir versuchen herauszufinden, wie wir am effektivsten vorgehen können.

Selten verläuft das Üben während einer Sitzrunde immer nur sanft. Intelligentes Üben erfordert den Einsatz des Intellekts, um zu wissen, wie man üben soll. Wir müssen unser Unterscheidungsvermögen benutzen, um zwei Fragen zu stellen: »Was geht hier gerade vor?« und »Worin besteht das Üben in dieser Situation?« Ohne einen solchen Ansatz fahren wir einfach Achterbahn – von sehr schnell, über konzentriert hin zu ruhig und unerschütterlich und zurück zum Anfang, wo wir knietief in unserer ganzen emotionalen Situation stecken und weiterhin glauben, dass jeder vorübergehende Zustand unsere einzige Wirklichkeit ist.

Der Übungsweg ist sehr breit angelegt. Er beinhaltet sogar unseren Widerstand – unser konstantes Bemühen, das ängstliche Beben des Seins zu vermeiden. Wir könnten den Widerstand als die Standspur betrachten, auf der wir feststecken oder am Straßenrand liegen bleiben. Aber was auch geschehen mag, der Übungsweg verlangt, dass wir einfach sehen, was vorgeht, und uns dann fragen: »Worin besteht das Üben genau jetzt?«, ohne zu vergessen, dass der Widerstand gegen das Üben in genau dieselbe Richtung führt wie die anderen Spuren des Weges, solange wir ihn deutlich sehen. Wenn wir lernen, auf diese Weise zu üben, entsteht Klarheit aus unserem anfänglich verwirrten Taumeln; wir beginnen, uns bewusst zu werden, dass dieser mehrspurige Übungsweg genau das ist, was er sein soll – der Weg in die Freiheit.

19

Wecksignale

Nasruddin ist eine beliebte Figur in Sufi-Geschichten; er wird als Bettler, Narr und Weiser zugleich dargestellt. In einer Geschichte sucht Nasruddin unter einer Laterne emsig nach einem Gegenstand. Einer seiner Freunde kommt des Wegs und fragt: »Nasruddin, was tust du da?« Nasruddin erwidert: »Ich suche meinen Schlüssel.« Sein Freund sagt: »Ich helfe dir; wo hast du ihn denn verloren?« Nasruddin entgegnet: »Dort drüben in der Allee.« Da fragt sein Freund: »Und warum suchst du ihn dann unter der Laterne?« Nasruddin antwortet: »Weil es hier heller ist.«

Wenn wir herausfinden wollen, wie wir beim Üben am besten verfahren, sind wir oft wie Nasruddin und suchen am falschen Ort. Manchmal suchen wir am falschen Ort nach etwas, das es nicht einmal gibt. Wir denken, es gebe einen magischen Schlüssel, irgendeine Erfahrung, die beim Üben für dauerhafte Klarheit sorgt, besonders inmitten alltäglicher Schwierigkeiten. Doch es gibt weder solch einen magischen Schlüssel, noch brauchen wir einen. Wenn wir nicht vollkommene Neulinge sind, wissen wir bereits, was wir vor allem zum Üben brauchen.

Als ich mich Ende der 60er Jahre auf den spirituellen Weg machte, hatte ich keinen Lehrer; ich gehörte keiner Meditationsgruppe an und wusste nichts über Zen oder Meditation. Aber mein Eifer war groß, und ich bemühte mich mit aller Kraft, herauszufinden, was es bedeutete zu üben. Meine Motivation war, frei zu werden von meinem auf Angst gründenden Leiden, das einen Großteil meines Lebens beherrschte. Also entwickelte ich verschiedene Übungen und kam mit ihnen eine Zeit lang ganz gut zurecht. Damals steckte ich mir viele Ziele: ich entwarf Fünfjahrespläne, Jahrespläne und Tagespläne. Mein Weg zur Befreiung stand mir klar vor Augen. So seltsam es jetzt auch für mich klingt, ich hatte mir vorgenommen, in fünf Jahren angstfrei zu werden.

Es gab Wochen und Monate, in denen ich glaubte, wirkliche Fortschritte zu machen. Dann ging mir die Luft aus, und ich hielt mich für einen jämmerlichen Versager. Ich raffte meine ganze Kraft zusammen, fing noch einmal von vorn an und war wieder eine Weile relativ erfolgreich. Dann »versagte« ich erneut. Nachdem ich diesen Zyklus mehrmals durchlaufen hatte, kam ich zu dem Schluss, dass ich den Schlüssel zum Üben nicht besaß: Ich wusste nicht, worauf es beim Üben ankam. Also beschloss ich, mir eine Gruppe und einen Lehrer zu suchen. Ich befand mich ohne sie nicht wirklich auf der falschen Fährte, aber was ich tat, war sehr ungeschickt. Teilweise stellte ich die falsche Frage: »Wo liegt der Schlüssel zum Üben?«, als wenn es eine einzige große Erfahrung gäbe, nach der nur noch Klarheit herrschen würde. Die Frage, die ich nicht stellte, lautete: »Was behindert das Üben?«

Selbst in den Anfangsphasen wusste ich ausreichend über das Bescheid, was zu tun war; aber ich sah nicht, was sich ihm in den Weg stellte. Eines der Hindernisse ist unsere schwankende Motivation, die Arbeit auf dem Übungsweg auch tatsächlich zu leisten. Ich habe mich oft gefragt, wovon der Grad unseres Bestrebens oder Verlangens, zu erwachen, bestimmt wird. Warum ist der eine Mensch allem Anschein nach mehr bei der Sache als ein anderer? Warum sind wir zu manchen Zeiten engagierter als zu anderen?

Niemand kann diese Fragen wirklich beantworten; wovon der Grad unserer Bereitwilligkeit abhängt, bleibt ein Geheimnis. Aber selbst wenn wir in unserem Wunsch zu erwachen auch zwangsläufig Höhen und Tiefen durchlaufen, gibt es doch weitere Faktoren, die wir in Augenschein nehmen können, um die Frage zu beantworten: »Was behindert das Üben?« Wir wissen, dass unser Widerstand zum Teil daher rührt, dass wir weiterhin glauben, unsere Strategien würden funktionieren. Zu diesen Strategien kann gehören, dass wir uns mehr Mühe geben, dass wir uns zurückziehen, um uns sicher zu fühlen, dass wir nach Ablenkungen Ausschau halten, um den Schmerz nicht spüren zu müssen, oder dass wir uns hinter einer Rolle, wie etwa dem Opfersein, verstecken. Unser Handeln folgt dem irrigen und gewöhnlich unterschwelligen Glauben, diese Strategien würden uns das bringen, was wir haben wollen. Während sie uns ziemlich erfolgreich dabei helfen können, einige Ziele zu erreichen, bringen sie uns letztlich keine dauerhafte Befriedigung. Wenn das Leben uns im Laufe der Zeit zermürbt, nutzen sie sich allmählich ab. Die Enttäuschung ist oft unsere beste Lehrmeisterin, aber es mag eine Weile dauern, bis wir ihre Lektionen lernen. Beispielsweise könnten wir unsere konditionierten

Strategien weiter anwenden, obwohl wir ihre Nutzlosigkeit sehen.

Es gibt einen weiteren wichtigen Faktor in unserem Widerstand, der uns oft nicht einmal in den Sinn kommt: die Tendenz zu einem rein mechanischen Verhalten. Uns fehlt es einfach an Bewusstheit. Wir verlieren uns in praktisch allem, was wir tun, in fast jeder Rolle oder jedem Selbstbild, das wir uns zu Eigen machen. Wir handeln selten bewusst und planvoll; wir wissen kaum, wer wir sind oder was wir tun, außer in einem engen und befangenen Sinn. Können wir erkennen, wie durchgehend dieses Schlafwandeln unsere normale Seinsweise ist?

Unsere mangelnde Bewusstheit zu erkennen, ist nicht als Aufforderung gedacht, uns schlecht zu fühlen – als arme, elende Sünder. Sie ändert auch nichts daran, dass wir so, wie wir sind, vollständig und ganz sind und dass unser wahres Wesen, das hinter all unseren Strategien und Schutzmechanismen liegt, Verbundenheit und Liebe ist. Darin besteht eines der Paradoxe des Lebens. Ein Lehrer hat es so ausgedrückt: »Alles ist durcheinander, aber ALLES IST GUT.« Auf einer bestimmten Ebene *ist* alles gut, aber um dies *bewusst zu erfahren,* müssen wir zunächst Schicht um Schicht mit den mechanischen Konditionierungen und eng begrenzten Identifikationen arbeiten, die unsere tägliche Existenz bilden.

Es erhebt sich die Frage, wie man mit diesem Zustand des Schlafwandelns am besten umgeht. Was hindert uns daran, wach zu sein? Zunächst müssen wir nach innen schauen und sehen, wie sehr wir schlafen. Wir müssen sehen, dass wir ein Ersatzleben führen, indem wir blind unseren konditionierten Strategien folgen, dieselben eingespielten Reaktionen in einer vorhersagbar mechanischen Weise wiederholen und sie benutzen, um uns hinter unseren vielen Abwehrmechanismen zu verstecken.

Manchmal müssen wir aus unserem Schneckenhaus auch hinauskatapultiert werden. Es können die sich wiederholenden Schocks der Enttäuschungen im Leben sein, die uns auf einmal für das wach werden lassen, was wir gewöhnlich nicht sehen können. Auf dem Übungsweg geht es darum zu lernen, diese Schocks zu empfangen: die Dinge, die wir nicht mögen, die Menschen, die uns kritisieren, den Job, der schlecht endet, den Partner, der uns verlässt, die versagende Gesundheit – was auch immer uns aufrütteln mag. Manchmal ist ein Lehrer notwendig, der für einen zusätzlichen Schock sorgt, damit wir imstande sind, das *eine* zu sehen, das wir allein einfach nicht sehen können, oder der uns hilft zu begreifen, wo wir uns selbst im Wege stehen.

Aus unserem täglichen Schlafwandeln wachgerüttelt zu werden ist nicht anders, als würden wir vom Nachtschlaf geweckt. Wie erwachen wir aus dem nächtlichen Schlaf? Wir benutzen einen Wecker, um uns wachzurütteln. Die Schocks, die uns unsere Lehrer oder die Enttäuschungen des Lebens bereiten, gleichen solchen Weckern, denn sie holen uns aus dem Schlaf in die Wirklichkeit.

Aber es gibt auch eine andere Art von Wecksignalen, solche, die nicht von den Lektionen des Lebens oder einem Lehrer ausgehen, der uns herausfordert. Für diese Wecksignale sorgen wir selbst mit der konkreten Absicht, der schonungslosen Macht unserer mechanischen Konditionierung entgegenzuwirken. Wir setzen sie ein, damit sie uns aus unserem egozentrischen Traum aufrütteln. Es gibt drei unterschiedliche Arten von selbstauferlegten Wecksignalen.

Der erste Typ sind *zeitliche Unterbrechungen*. Dabei handelt es sich um Signale, die wir festlegen und benutzen, um uns wach zu machen und dazu zurückzubringen, *einfach im Augenblick zu sein*. Eine meiner zeitlichen Unterbrechungen ist das Klingeln des Telefons. Wenn es klingelt, gehe ich nicht sofort an den Apparat, sondern lasse es immer zweimal klingeln. Selbst wenn ich mich stark fühle und sofort abheben möchte, um den Anruf entgegenzunehmen, bleibe ich einfach sitzen und spüre den Atem im Bereich des Herzens, während ich das zweite Klingeln abwarte. Ich versuche nichts Besonderes zu tun, wie ruhig zu werden oder mich zu zentrieren. Ich spüre einfach den Atem und das Herz, nehme zur Kenntnis, wo ich mich befinde, und bin präsent für den Augenblick. Dann widme ich mich dem Anruf. Ein Vorteil dieser Übung ist ihre Unberechenbarkeit. Da wir niemals wissen, wann das Telefon klingelt, erwischt es uns genau mitten in all unserer Verrücktheit.

Ein weiteres Beispiel für eine effektive zeitliche Unterbrechung ist das Halten an einer roten Ampel. Wenn wir im Auto sitzen, können wir die Ampel als Erinnerungshilfe benutzen, um in die Wirklichkeit zurückzukommen, und sei es nur für ein paar Augenblicke. Wenn wir ungeduldig irgendwohin wollen, besteht die Übung nicht darin, tief einzuatmen und zu versuchen, Geduld zu entwickeln. Vielmehr richten wir unser Augenmerk auf das, was gerade da ist. Wir lauschen der Stimme der Ungeduld und fühlen ihre physische Beschaffenheit. Wir versuchen nicht, uns zu entspannen oder sie loszulassen.

Vielmehr erwachen wir zu der Einsicht, dass wir im Augenblick schlafen, und nehmen den Augenblick bewusst wahr. Wenn wir *versuchen*, uns zu entspannen, loszulassen oder positive Gedanken zu denken, übertünchen wir den Augenblick bloß ein wenig und machen uns nicht wirklich bewusst, was *ist*.

Es ist wichtig zu begreifen, dass ein bestimmtes Wecksignal dieser Art einige Wochen oder Monate lang sehr effektiv sein kann, wir es danach jedoch möglicherweise völlig ausblenden. Ein gutes Beispiel dafür ist ein Bild, das ich in den Eingangsbereich gehängt habe. Es zeigt ein junges Mädchen beim Eislaufen. Ihre Arme sind ausgestreckt, als wolle sie fliegen, und sie hat den Kopf nach hinten geworfen, als wenn nichts in der Welt ihr etwas anhaben könnte. Direkt vor ihr steht ein Schild: »Vorsicht, Einbruchgefahr«. Ich habe das Bild an einer Stelle aufgehängt, an der ich jeden Tag vorbeikomme; und in den ersten Wochen erfüllte es seinen Zweck als Wecksignal perfekt. Ich lächelte jedes Mal, wenn ich es sah, denn es erinnerte mich auf zwanglose Art daran, wie viel Zeit wir damit zubringen, auf dünnem Eis zu laufen, durch das Leben zu gleiten und zu vergessen, womit wir uns letztlich konfrontieren müssen. Es ist eines meiner Lieblingsthemen beim Üben. Der Anblick des Bildes machte mich für den Augenblick wach und verhalf mir zu der zeitlichen Unterbrechung, in der ich einfach daran denken konnte, präsent zu sein. Einige Zeit später fiel mir auf, dass ich das Bild wochenlang nicht mehr angeschaut hatte. Obwohl ich mehrere hundert Male an ihm vorbeigegangen war, hatte ich es überhaupt nicht registriert!

Wenn wir sehen, wie so etwas mit den Wecksignalen auf dem

Übungsweg geschieht, begreifen wir die Macht unseres schlafwandlerischen Zustands. Wir lernen, dass wir dieser Macht etwas entgegensetzen müssen, indem wir uns neue Wecksignale suchen, sobald die alten nicht mehr funktionieren. Wir ändern das Bild, hängen es an eine andere Stelle, hängen es verkehrt herum auf oder tun, was sonst notwendig sein mag, damit es seine Funktion erfüllt, uns aufzuwecken.

Wenn ich in den Anfangsjahren meines Übens »versagte«, indem ich beispielsweise das Bild nicht mehr sah, verurteilte ich mich dafür, dass ich vom Weg abgekommen war oder mich meiner Aufgabe nicht gewachsen zeigte. An irgendeinem Punkt verstand ich, dass wir nicht einfach deshalb aufwachen können, weil wir es wollen. Wir wünschen uns vielleicht einen Augenblick lang aus tiefstem Herzen, aufzuwachen, aber wir müssen unausweichlich damit rechnen, dass unsere grundlegenden mechanischen Tendenzen auftauchen und unser Bestreben vereiteln. Daher müssen wir uns ein Wecksignal nach dem nächsten ausdenken – ganz gleich, wessen es bedarf, um uns aus dem egozentrischen Traum zu wecken.

Mithilfe von zeitlichen Unterbrechungen stören wir unsere konditionierten Muster, wo immer es geht. Wir könnten beispielsweise unsere Armbanduhr so einstellen, dass sie alle 30 Minuten piept. Sobald sie piept, überprüfen wir, was im Augenblick gerade vor sich geht, und *fühlen* einfach seine Beschaffenheit. Weitere Beispiele von Alltagsaktivitäten, die als zeitliche Unterbrechungen dienen könnten, sind: kleine Sprüche lesen, die Sie an den Spiegel hängen oder in Ihr Portemonnaie legen, den Motor des Autos anlassen oder abstellen, ein Buch bei einem Lesezeichen aufschlagen, auf dem eine Erinnerung steht, die Kreditkarte durch den Scanner schieben oder einen kleinen Gang machen, um die Zeitung oder die Post zu holen. Es gibt viele Möglichkeiten. Es geht einfach darum, einige Augenblicke lang innezuhalten und *einfach im Augenblick zu sein*. Je mehr von diesen kleinen Gesten Sie in Ihren Alltag einbauen können, desto wacher und lebendiger werden Sie. Es wird Ihnen auch zunehmend klar, wo und in welchem Maß Sie schlafen.

Die zweite Art von Wecksignal, eines, das ich seit vielen Jahren benutze, ist der *Übungsplan*. Nehmen Sie sich dafür an jedem Wochentag jeweils eine konkrete Übung vor. Führen Sie die jeweilige Übung vom Augenblick des Erwachens bis zum Schlafengehen durch. Wenn möglich, wählen Sie eine Übung aus, die sich für den speziellen Tag besonders gut eignet. Da der Montag beispielsweise ein Tag ist, an dem es gewöhnlich leichter zu Gereiztheit kommt, benutze ich ihn oft, um das Nichtmanifestieren negativer Emotionen zu üben. Die Übung besteht darin, den ganzen Tag lang keine negativen Emotionen auszudrücken, weder im Innern noch im Äußern. Die Übung ist nicht als moralisches Diktat gedacht, um Emotionen zu unterdrücken. Ihr Zweck ist, sich die Emotionen direkt bei ihrem Auftauchen bewusst zu machen. Wir entscheiden uns, sie nicht zu nähren, zu rechtfertigen oder dadurch zu verfestigen, dass wir sie innerlich oder äußerlich zum Ausdruck bringen. Es ist nur allzu menschlich, dass wir bei dieser Übung wenigstens hin und wieder negative Emotionen äußern werden. Doch die Chancen stehen gut, dass es weniger werden. Genauer gesagt: Wenn wir sie ausdrücken, wird uns viel schneller bewusst, was wir tun.

Ein weiteres Beispiel: Wenn Sie einen Tag vor sich haben, an dem mit hoher Wahrscheinlichkeit Angst oder Besorgnis ausgelöst werden, könnten Sie üben, den ganzen Tag zur Angst ja zu sagen. Kommt Angst auf, sagen Sie einfach ja zu ihr, statt wegzulaufen oder zu versuchen, sie loszuwerden. Laden Sie sie ein und erlauben Sie sich, wirklich bewusst wahrzunehmen, was Angst ist. Nehmen Sie zur Kenntnis, wie die Angst sich anfühlt. Nehmen Sie zur Kenntnis, wo Sie sie in Ihrem Körper spüren und welcher Strategien sich Ihr Geist bedient, um das körperliche Unbehagen aus Ihrem Bewusstsein zu drängen.

Eine weitere ganztägige Übung, die helfen kann, uns von unseren mechanischen Mustern zu wecken, heißt: »Es, nicht ich«. Statt das Pronomen »ich« zu benutzen, wenn Sie von sich selbst reden, ersetzen Sie es einen Tag lang durch das Wörtchen »es«. Das ist besonders hilfreich bei der Beschreibung Ihrer emotionalen Zustände. Statt beispielsweise zu sagen: »Ich bin reizbar« oder »Ich bin niedergeschlagen«, sagen Sie »Es ist reizbar« oder »Es ist niedergeschlagen«. Dadurch dass Sie das Wörtchen »es« benutzen, können Sie vorübergehend genügend Distanz zu sich selbst gewinnen, um die gewöhnlich blinde Identifikation mit Ihren Emotionen zu brechen.

Als weitere Aktivitäten für den Übungsplan könnten sich eignen: sich tagsüber auf das Hören von Geräuschen zu konzentrieren, auf die Bewegung oder Ruhe der Hände oder darauf, wie sich beim Atmen der Bauch hebt und senkt. Sie könnten auch einen Tag damit zubringen, Übungsfragen zu stellen wie: »Bin ich hier?«, »Worin besteht das Üben jetzt gerade?« oder »Worum geht es in meinem Leben wirklich?«

An einigen Tagen werden Sie mehr ans Üben denken als an anderen, aber selbst ein paarmal am Tag zu üben, ist besser als überhaupt nicht. Schon der Entschluss, einem Übungsplan zu folgen, bedeutet, dass Sie das Üben zu einem zentralen Schwerpunkt Ihres Lebens machen. Sowohl zeitliche Unterbrechungen als auch Übungspläne erinnern uns daran, uns auf die Wirklichkeit zu besinnen. Sie können der Orientierungslosigkeit entgegenwirken, die wir beim Üben im Alltag oft empfinden.

Der Übungsplan ist nicht dazu gedacht, Ihrem Leben weitere Forderungen hinzuzufügen. Einen Tag dem Nichtausdrücken negativer Emotionen zu widmen, heißt weder, dass keine negativen Emotionen auftreten dürfen, noch dient es dazu, durch eine Verhaltensänderung zum Heiligen zu werden. Diese Wecksignale sollen uns vielmehr helfen, klar und deutlich zu sehen, was wir tun. Sie sind Methoden, um uns aus dem schlafwandlerischen Tun und den mechanischen Reaktionsmustern zu wecken und uns in die Lage zu versetzen, deutlich zu sehen, was sich dem Erwachen in den Weg stellt.

Die dritte Art von Wecksignalen sind die *Aufgaben*. Bei den Aufgaben handelt es sich um kleine Anstrengungen, die wir gegen unsere eingefahrenen mechanischen Tendenzen unternehmen, besonders jene, die auf Behaglichkeit und Sichschützen-Wollen abzielen. Wir könnten zum Beispiel eine Zeitspanne festlegen, in der wir beim Essen nicht lesen, nicht fernsehen oder keine Süßigkeiten naschen. Wir könnten beschließen, mit unserem Nachbarn in der Eisenbahn zu reden oder definitiv nicht zu reden. Wir könnten beschließen, einen Vortrag oder *keinen* Vortrag vor anderen zu halten. Die Aufgabe könnte auch darin bestehen, in bestimmten Situationen nicht unser gewöhnliches Verhalten an den Tag zu legen, mit dem wir anderen gefallen wollen, oder sonst etwas zu tun, was nicht unserem Selbstbild entspricht.

Angenommen, Sie haben plötzlich den Impuls, tanzen zu gehen, aber Sie sind kein guter Tänzer. Sie wollen sich jedoch nicht als der ungelenke Klotz zur Schau stellen, für den Sie sich halten. Da diese Situation Sie an Ihre Grenze bringt, ist es eine gute Gelegenheit, sie als Aufgabe zu verwenden. Die Aufgabe besteht nicht darin, ein guter Tänzer zu werden, obwohl auch das geschehen könnte, sondern sich selbst einem kleinen Bereich auszusetzen, in dem Sie sich normalerweise ängstlich zurückhalten. Es geht darum, die Aufgabe als Wecksignal zu benutzen, das Sie aus Ihrer Konditionierung und Ihrem Schlaf holt, und diese Zustände als das zu begreifen, was sie sind. Wenn wir beschließen, uns entgegen unserem Selbstbild zu verhalten, müssen wir uns sehr klar darüber sein, dass wir nicht versuchen, unser Verhalten zu verändern. Wir unternehmen keine finster entschlossene Anstrengung, unser klägliches Selbst zu überwinden und uns zu dem besseren Menschen zu machen, der wir gern wären. Die Anstrengung ist viel spielerischer, und das gilt auch für unsere Einstellung gegenüber unserem »Selbst«-Gefühl und unserem Schlafwandeln. So können wir unsere Entschlossenheit und Zielgerichtetheit aufrechterhalten, ohne dass die Aufgabe zu einem verbissenen Unterfangen wird.

Der Sinn einer Aufgabe besteht darin, uns dazu zu bringen, dass wir uns das anschauen, was wir gewöhnlich nicht sehen wollen. Aufgaben erlauben uns im kleinen Maßstab, mit unseren Abhängigkeiten und Ängsten zu arbeiten. Wir führen die Aufgabe durch, um das Loch, den Schmerz und die Angst zu erleben, aus denen all unsere Sucht- und Abwehrmuster entstehen. Wenn wir diese kleinen Schritte auf unsere Grenzen hin unternehmen, verhindern wir, dass unsere Übungspraxis trocken wird und sich in einer scheinbar behaglichen Routine festfährt.

Eine andere Variante von Aufgaben besteht darin, sich in neue oder fremde Situationen zu begeben, nicht zur Zerstreuung oder zum Vergnügen, sondern als Hilfe, um wach zu werden. Etwas Neues zu tun kann unsere Sinne, unsere Bewusstheit und unser Gefühl der Präsenz schärfen. Ich spreche nicht unbedingt von etwas Gefährlichem, obwohl Aufgaben oft gefährlich erscheinen, weil sie unserem Wunsch nach Routine und Behaglichkeit zuwiderlaufen. Das Gefühl von Gefahr ist Teil dessen, was uns aus dem Schlafwandeln weckt.

Unlängst fing ich nach einer mehr als zehnjährigen Pause wieder mit dem Fahrradfahren an. Es ist erstaunlich, wie diese geringfügige Veränderung zur Folge hatte, dass ich die Welt ganz neu erlebte. Diese Aufgabe provozierte weder speziell meine Ängste, noch forderte sie meine Abwehr heraus, dennoch eröffnete sie mir etwas Neues. Im Augenblick unternehme ich jede Woche eine neue Kleinigkeit. Ich habe festgestellt, dass die kleinste Anstrengung, die ich gegen die Macht des Schlafs und des mechanischen Tuns unternehme, ein Empfinden von Vitalität und Geistesgegenwart weckt.

Es gibt, wie gesagt, keinen magischen Schlüssel, der die Geheimnisse des Übungswegs aufschließt, denn der Übungsweg – wie auch das Universum – ist nicht verschlossen. Es ist nichts Exotisches und Geheimnisvolles an dem, was wir tun müssen, um zur Wirklichkeit zu erwachen. Aber es gibt eine entscheidende Eigenschaft, ohne die sich die Übungspraxis nie wirklich entwickeln kann: Beharrlichkeit. Beharrlichkeit lässt uns durch die unvermeidlichen Höhen und Tiefen des Alltags hindurch weiter üben. Sie erlaubt uns, weiterzumachen, selbst wenn es uns keinen Spaß im üblichen Sinne macht. Eine der Methoden, Beharrlichkeit zu entwickeln, ist das Verwenden von Wecksignalen.

Sämtliche Wecksignale – die zeitlichen Unterbrechungen, die Übungspläne und die Aufgaben – dienen dazu, der schonungslosen, wenn auch zuweilen subtilen Kraft unserer mechanischen Konditionierung entgegenzuwirken. Wir müssen verstehen, dass wir nicht einfach aufwachen können, nur weil wir es wollen. Wecksignale geben uns Methoden an die Hand, unseren Wunsch aufzuwachen mithilfe konkreter Anstrengungen in die Praxis umzusetzen. Andernfalls ist das Ergebnis vorhersehbar und nachprüfbar: Wir werden in unserem egozentrischen Traum einfach weiterschlafen.

20

»Seid gütig«

Als der Dalai Lama einmal gebeten wurde, die Quintessenz seiner Lehre zusammenzufassen, soll er geantwortet haben: »Seid gütig.« Dieser Rat ist so schlicht und einfach, dass wir alle etwas damit anfangen können. Aber was bedeutet er im Hinblick auf unsere Übungspraxis? Wenn wir ihn als Aufforderung verstehen, dass wir *versuchen* sollten, gütig zu handeln, ist er dann nicht bloß eine der üblichen moralischen Vorschriften, um unser Verhalten zu ändern? Würden wir damit nicht einfach nur ein weiteres Ideal davon aufstellen, wie wir sein sollten? Wie würde das zu dem grundlegenden Übungsprinzip passen, uns auf unser Leben so einzulassen, wie es ist, und nicht zu versuchen, uns zu verändern oder zu verbessern? Wenn wir jedoch keinen Versuch unternehmen, uns zu verändern, heißt das gleichzeitig, dass es in Ordnung ist, *nicht* gütig oder sogar explizit lieblos zu sein? Das sind wichtige Fragen. Zu sehen, worum es hier geht, ist ein Schlüssel, um den Übungsweg im Alltag zu verstehen.

Die meisten von uns fühlen sich zu einer spirituellen Disziplin hingezogen, weil sie die Notwendigkeit gespürt haben, ihr Leben zu verändern. Zweifellos bringen wir alle am Anfang unseres Weges Zeit mit dem Versuch zu, uns zu ändern. Ein Gefühl von Unzufriedenheit treibt uns dazu, uns dem Bild anzupassen, das wir von einem erwachten Leben haben. Wir versuchen, stärker, ruhiger und klarer oder weniger reizbar und weniger negativ zu sein. Doch wenn wir unsere Strategien umsetzen, um den Bildern, die wir davon haben, wie wir sein sollten, zu entsprechen, stellen wir fest, dass wir tatsächlich sehr wenig tun können, um uns substanziell zu ändern. Wir fassen gute Vorsätze zum neuen Jahr, wir machen Diäten, wir beschließen, jeden Tag zu meditieren, wir geben uns Mühe, nicht abwehrend zu sein, wir versuchen, Freundlichkeit und Geduld an den Tag zu legen, aber fast immer erleben wir die Enttäuschung und Vergeblichkeit dieser Ansätze. Der Versuch, unser Verhalten zu verändern, scheint einfach nicht zu funktionieren, wie die Geschichte der moralisierenden Religionen und der darauf gründenden Kulturen klar belegt hat. Sobald uns das deutlich ist, wird anstelle von Moralvorschriften die Enttäuschung zu unserem besten Lehrmeister. Statt unser Verhalten ändern zu wollen, begreifen wir, dass es vernünftig ist zu lernen, sich auf unser Leben so einzulassen, wie es ist.

Aber zu lernen, uns auf das Leben einzulassen, wie es ist, bedeutet nicht, zu handeln, wie es uns einfällt, und ganz nach Belieben Wut oder Grausamkeit zu äußern. Authentisches Üben beruht immer auf dem Bestreben, aus unserem wahren Wesen zu leben. Wenn das Üben aus diesem Bestreben erwächst, haben wir zumindest das natürliche Bedürfnis, niemandem etwas zuleide zu tun. Das ist jedoch ein heikler Punkt und kann leicht mit dem verwechselt werden, was als Verhaltensänderung angesehen wird.

Der Unterschied liegt darin, dass unser Schwerpunkt bei dem Bestreben, unser wahres Wesen hervortreten zu lassen, darauf liegt, klar zu sehen, was den Prozess behindert. Beispielsweise machen wir uns unser verborgenes Motiv klar, gütig zu sein – die Erwartung, Anerkennung und Dank zu ernten und als besserer Mensch zu gelten. Zudem schauen wir uns alle Weisen an, wie wir *nicht* gütig sind, beispielsweise indem wir uns grausam oder wütend gebärden, kontrollierend oder kleinlich sind. Wenn wir bewusst wahrnehmen, auf welche Weise wir unser Verlangen blockieren, ein authentisches Dasein der Güte und des Mitgefühls zu leben, unternehmen wir *tatsächlich* eine Anstrengung, uns zu ändern. Doch diese Anstrengung geht nicht mit der Erwartung einher, bestimmte Verhaltensweisen auszumerzen. Wir unternehmen sie auch nicht, um Heilige zu werden. Vielmehr besteht unsere Absicht darin, den Ärger und die Angst, die unserem Mangel an Güte zugrunde liegen, zu erkennen und sie bewusst wahrzunehmen. Dieses Bemühen bedeutet, unsere unfreundlichen oder lieblosen Gedanken zu sehen und zu benennen, und in der unmittelbaren physischen Erfahrung im Körper zu verweilen.

Seltsamerweise hindert uns genau das Ausdrücken unseres Ärgers und unserer Lieblosigkeit daran, uns ihnen je wirklich auszusetzen. Warum? Weil das Äußern unserer negativen Emotionen beinahe immer auf der irrigen Annahme beruht, jemand oder etwas außerhalb von uns sei an unserem Ärger und unserer Lieblosigkeit schuld. Das Verharren in der Schuldzuweisung hindert uns daran, unsere eigene Negativität anzuschauen oder sie wirklich bewusst wahrzunehmen.

Angenommen, Sie sitzen während eines Retreats neben einer Teilnehmerin, die erkältet ist. Anfangs haben Sie vielleicht noch Mitleid mit der Frau, und zugleich sind Sie froh, dass Sie nicht selbst von der Erkältung betroffen sind. Aber wenn das Schniefen und Husten kein Ende nimmt, merken Sie, dass Sie langsam ungeduldig werden. Bei jedem Hustenanfall spüren Sie, wie Sie der Gedanke überkommt: »Warum kann sie nicht still sein? Sie sollte gehen – ihr Husten stört die Meditation!« Das Husten geht immer weiter, und Sie geben der Frau die Schuld an Ihrem Ärger. Nach einer Weile fügen Sie vielleicht das Urteil hinzu: »Ich bin so ungeduldig und lieblos – was bin ich für ein Versager!« Wenn wir tugendhaft sein und irgendeinem Bild oder Ideal entsprechen wollen, stoßen wir beständig auf unseren eigenen inneren Sumpf. Dann verfallen wir meistens darauf, andere und uns selbst anzuklagen. Stattdessen müssen wir lernen, mit unserer ursprünglichen Reaktion zu arbeiten. Zunächst müssen wir die Gedanken registrieren; anschließend müssen wir uns der körperlichen Wahrnehmung von Erregung und Ärger aussetzen. Diese Aufmerksamkeit gegenüber unseren eigenen Reaktionen und Wahrnehmungen ist der Anfang der Güte.

Die wahre Güte eines Menschen tritt unwillkürlich hervor. Der Wunsch nach Veränderung ist oft das eigentliche Problem, denn er intensiviert und verfestigt das, was wir aus der Welt schaffen wollen. Doch die Bereitwilligkeit, uns einfach auf das einzulassen, was ist – unsere Lieblosigkeit bewusst wahrzunehmen, ohne sie auszudrücken oder zu verdrängen –, *ist* die Lösung. Dennoch können wir uns auch bemühen, gütig zu handeln, zumindest, um niemandem Schaden zuzufügen. Und der Versuch, gütig zu sein, macht uns selbst schlagartig deutlich, wie wenig natürliche Güte wir äußern. Wir müssen das Ausmaß unserer Lieblosigkeit sehen und bewusst wahrnehmen, damit unsere natürliche menschliche Güte hervortreten kann.

Wenn wir uns selbst ehrlich anschauen, sehen wir das ganze Ausmaß unserer eigenen Negativliste – all die Menschen und Dinge, denen gegenüber wir lieblose Gefühle hegen. Die Übung besteht darin, all die Arten zu beobachten, auf die wir lieblos sind. Zunächst sehen wir sie einfach als das, was sie sind – Urteile und Wertungen. Dann üben wir uns darin, in der bewussten körperlichen Wahrnehmung der Erregung und des Unfriedens zu verweilen, die entstehen, wenn wir fordern, dass das Leben unseren Wünschen entsprechen soll. Paradoxerweise ist es die Bereitwilligkeit, uns unsere Lieblosigkeit anzuschauen und unser Augenmerk auf sie zu richten, die sie letztlich heilt und in wirkliche Güte verwandelt.

Es ist leicht, gütig und geduldig zu sein, wenn wir gut gelaunt sind oder die Dinge nach unserem Geschmack laufen. Aber wenn sich die Ereignisse in eine Richtung entwickeln, die uns nicht gefällt, und das Leben nicht unseren Bildern entspricht, fällt es uns nicht mehr so leicht. Es geht darum zu sehen, nach welchen Bildern wir leben. Haben Sie beispielsweise das Bild, dass Sie gütig sein *sollten*? Oder freundlich? Oder liebevoll?

Solange wir nach irgendwelchen Bildern oder moralischen Vorschriften leben und uns unsere lieblosen Gedanken und Impulse nicht anschauen, hindern wir uns selbst daran, mit der grundlegenden menschlichen Güte in Kontakt zu kommen, die die Essenz unseres Seins bildet. Uns mit unserem natürlichen Sein zu verbinden – und diesen Wunsch hat letztlich jeder – erfordert jedoch nicht, dass wir bestimmte Verhaltensweisen ausmerzen und sie durch eine neue, verbesserte Version des Verhaltens ersetzen. Wir müssen uns nur all der Schichten des Ärgers und der Angst unter unserer Lieblosigkeit bewusst werden – sie *sehen und bewusst erfahren.* Es ist das Sehen und bewusste Wahrnehmen, das es diesen Schichten erlaubt, zu heilen und sich von selbst zu verwandeln. Mithilfe dieses schrittweisen Prozesses können wir schließlich die tiefer liegende Güte, Verbundenheit und Liebe zum Ausdruck bringen, die die Essenz dessen ist, was wir sind.

21

Leiden und Freude

Der Künstler Paul Klee notierte 1905: »Denke dir, du wärst gestorben: Nach langen Jahren des Fernseins wird dir ein Blick erdenwärts ermöglicht. Du siehst eine Laterne stehen und einen alten Hund, der sein Bein hebt. Schluchzen musst du da vor Ergriffenheit.«

Die tiefe Dankbarkeit, die Klee zum Ausdruck brachte, ist in Wahrheit mit der Freude verwandt. Es ist die Art von Gefühl, die wir gewöhnlich nur erleben können, wenn wir aus viel Leiden gelernt haben. Der im 5. Jahrhundert lebende Zen-Meister Bodhidharma nannte dies »das Unerträgliche ertragen« – das grenzenlose Wunder des Lebens inmitten von Tod, Leiden und der letztlichen Einsamkeit der menschlichen Existenz in einer Welt des Schmerzes sehen. Wir treffen auf dieses Paradox oft in Sätzen wie: »Jeder Tag ist ein guter Tag« und »Aus Leiden entsteht Freude«. Uns mit diesem Paradox zu versöhnen, ist eines der wesentlichen Ziele der Übungspraxis. Aber es ist ziemlich leicht, diese Lehre auf alle möglichen subtilen Weisen zu verzerren. Worin besteht eigentlich die Beziehung zwischen Leiden und Freude?

Um die Frage zu beantworten, müssen wir zunächst definieren, was wir mit »Leiden« meinen. Einfach gesagt, umfasst Leiden ein ganzes Bündel von emotionalen und körperlichen

Reaktionen als Folgen unseres Widerstands gegen das Leben, wie es ist. Wenn wir an Idealen festhalten, wie unser Leben aussehen sollte, oder uns an unsere Wünsche klammern, ist das Ergebnis immer dasselbe: Sobald unsere Wünsche und Erwartungen nicht befriedigt werden, leiden wir. Ganz gleich, ob das Leiden die Form von Sorge, Ärger, Depression, Angst oder Verwirrung annimmt, es ist die direkte Folge des Wunsches, dass unser Leben anders sein sollte, als es ist.

Wenn irgendeine dieser Manifestationen von Leiden auftritt, besteht unsere gewöhnliche Reaktion darin zu versuchen, sie loszuwerden. Wir werden sogar zum Üben in der Hoffnung hingezogen, dass es uns vom Leiden erlösen kann. Doch wir finden rasch heraus, dass das Üben darin besteht, zu lernen, uns unserem Leiden auszusetzen, und nicht darin, es loszuwerden. Gleichwohl können wir in Verwirrung geraten und beginnen, diese Lehre zu verzerren.

Was bedeutet es, uns unserem Leiden auszusetzen? Ganz allgemein gesprochen, bedeutet es, genau dort zu bleiben, wo wir nicht sein wollen, und bewusst den Unfrieden in unseren Körperzellen wahrzunehmen, der auftaucht, wenn wir an unserer Forderung festhalten, dass das Leben anders sein sollte, als es ist. Sich der physischen Erfahrung des Unfriedens einfach auszusetzen hört sich ganz leicht an. Aber genau hier tritt die meiste Verwirrung auf, weil wir fast immer den subtilen Gedanken hinzufügen: »Wenn ich mich meinem Leiden nur genug aussetze, wird es schließlich verschwinden.« Damit fügen wir dem Bild, wie sich unser Leben entwickeln soll, bloß eine weitere Erwartung hinzu. Selbst wenn wir uns unserem Leiden aussetzen, widersetzen wir uns dem Leben, wie es ist.

Eine andere landläufige Verzerrung der Übungspraxis besteht darin, unser Leiden mit Wichtigkeit auszustatten. Wir glauben, unser Leiden mache uns einzigartig oder auf irgendeine Art besonders; wir halten unser Elend für »tiefgründig« oder »spirituell«. Doch das Leiden bietet uns einfach nur eine einzigartige Gelegenheit zu lernen; ihm wohnt nichts Besonderes inne. Wenn wir eine Märtyrerhaltung gegenüber dem Leiden einnehmen und es für etwas Besonderes halten, kann das dazu führen, dass wir unser Leben lang in dieser Scheinheiligkeit stecken bleiben. Überdies lernen wir wenig aus unserem Leiden, weil wir nicht offen dafür sind. An unser Leiden zu glauben oder uns damit zu identifizieren hält uns davon ab, es wirklich bewusst wahrzunehmen und daraus zu lernen.

Eine weitere Verzerrung der Übung, uns unserem Leiden auszusetzen, besteht darin, zu versuchen, unseren Unfrieden mit einem erzwungenen Gleichmut zu ertragen. Das ist nichts als eine weitere Schutzstrategie. Das Sichzusammenreißen oder ein Stoizismus, der bis zu aufgesetzter Heiterkeit reichen kann – das ist nur ein Deckmantel, mit dem wir das Leiden vermeiden wollen. Es ist ebenfalls eine Form der Scheinheiligkeit.

Noch eine landläufige Verwechslung, was das Verweilen in unserem Leiden angeht, ist der weit verbreitete Glaube, dass es bei dieser Übungspraxis um »Loslassen« geht. Aber ist es wirklich möglich, unsere tief sitzenden, konditionierten Reaktionen gegenüber dem Leben loszulassen? Wenn wir sie tatsächlich loslassen könnten, wären wir dann nicht alle wach und voller Freude? Loslassen ist eher eine Philosophie als eine reale Option. Die wirkliche Lösung besteht nicht darin, das Leiden loszulassen, sondern es im größeren Raum der Bewusstheit einfach *da sein* zu lassen.

Diese *Bereitwilligkeit, einfach zu sein,* ist der Schlüssel, um mit unserem Leiden zu üben. Es bedeutet, dass wir all die Methoden sehen, wie wir die Tatsache verwischen und verzerren, dass wir leiden, und anschließend aufhören, gegen das Widerstand zu leisten, was ist. Wir geben einen Versuch nach dem anderen auf, unser Leiden wegzuschieben. Dann beginnt die Grenze zwischen »uns« und »dem Feind« – all dem, was wir lieber vermeiden möchten – zu verschwinden. Schließlich beginnen wir Freude zu empfinden, nicht in Form eines dionysischen Freudentaumels, sondern in Form einer ruhigen Bereitwilligkeit, einfach im gegenwärtigen Augenblick zu sein.

Vor vielen Jahren lernte ich als ehrenamtlicher Sterbebegleiter den 47-jährigen Robert kennen, der unheilbar an Krebs erkrankt war und unter vielen schweren Komplikationen litt. Als ich ihn zum ersten Mal sah, lag er schlafend im Bett. Sein Gesicht war blass und ausgezehrt, und er sah fast wie ein Toter aus. Über dem Bett hing ein großes Foto von ihm und seiner Frau beim Hochzeitstanz. Er sah sprühend und glücklich in seinem weißen Smoking aus, so vollkommen anders als jetzt.

Als ich ihn kennen lernte, stand ich gerade am Beginn eines akuten und lang anhaltenden Rückfalls einer Immunsystemerkrankung, mit der ich seit einiger Zeit zu kämpfen hatte. Und so fanden Robert und ich, als wir anfingen, miteinander zu sprechen, sofort eine innige Verbindung zueinander. Keiner von uns beiden hielt etwas zurück, keiner von uns war interessiert an den üblichen gesellschaftlichen Masken, keiner von uns beiden versuchte sich gegen die schmerzlichen Gefühle zu schützen, die wir beide erlebten. Wir waren imstande, uns einfach zu treffen und unsere Ängste miteinander zu teilen, aber ohne das übliche Melodrama. Wir sprachen nicht über irgendetwas »Spirituelles«; er hatte sich nicht vorgenommen, »bewusst« zu sterben, und ich machte ihm keine Vorschläge, wie er mit seiner schwierigen Situation umgehen sollte. Sein größtes Anliegen war, ein Erinnerungsvideo für seine 5-jährige Tochter zu drehen. Aber er war sehr schwach und hatte beträchtliche Schmerzen. Bei späteren Besuchen erwähnte er, dass er sogar einen Selbstmord in Betracht zog. Wie er selber sagte, wollte er nur, dass sein Leiden ein Ende nahm.

Ich besuchte ihn mehrmals für nur ein paar Stunden, und unser Kontakt blieb weiter tief und ehrlich. Als es dann mit meiner eigenen Gesundheit rapide bergab ging, konnte ich meine Besuche nicht mehr fortsetzen. Wir telefonierten miteinander und sprachen weiter aufrichtig darüber, wie es uns ging. Während wir über unser gemeinsames Gefühl von Trauer und Verlust redeten, begann ich, eine Veränderung in Robert wahrzunehmen. Er ließ nichts mehr von Selbstmord verlauten. Obwohl sein Körper zusehends verfiel, redeten wir mehr über unsere Verbindung; inmitten unseres gemeinsamen Schmerzes war auch das Empfinden, dass wir ein Herz miteinander teilten. In dem, was wie ein getrenntes individuelles Leiden aussah, fanden wir Verbundenheit.

Robert wusste, dass ich ein geschwächtes Immunsystem hatte, weil ich über längere Zeit Pestiziden ausgesetzt gewesen war. Eines Tages rief er mich an, um mir von einem Medikament zu berichten, das mir bei der Entgiftung helfen könnte. Während ich ihn anhörte, dachte ich: »Er könnte jetzt jeden Tag sterben – warum ruft er mich an, um mir bei *meinen* Problemen zu helfen?« Das letzte Wort, das er an mich richtete und das in meinem Kopf widerhallte, als ich den Hörer auflegte, war »Sayonara«. Als er am nächsten Tag starb, fragte ich mich, ob er gewusst hatte, dass das unser Abschiedsgespräch gewesen war.

Später erfuhr ich, dass er an diesem Tag mehrere Menschen angerufen und versucht hatte, auf sie einzugehen und ihnen etwas zurückzugeben. Dazu entschied er sich am letzten Tag seines Lebens. Hier war ein Mensch, der wirklich Probleme hatte und der Schmerz und Leiden ebenso wenig wie alle anderen wollte. An irgendeinem Punkt war er sogar so weit, seinem Leben ein Ende zu setzen. Doch irgendetwas wandelte sich. Er unterwarf sich bereitwillig seinem Leben, so wie es war. Dann erlebte er die Gnade, die möglich wird, wenn man lernt, das Unerträgliche zu ertragen. Er lernte, ja zum Leben zu sagen und etwas zurückzugeben.

Wir sind vielleicht nicht in einer Lage, in der wir uns mit unserem Leiden in einer solch intensiven Form wie Robert auseinander setzen müssen, aber wir alle haben unser gerütteltes Maß an Problemen, mit denen wir arbeiten müssen. Wie bereitwillig wir sind, aus unserem Leiden zu lernen, wird über die Qualität unseres Lebens bestimmen. Wie tief wir verstehen, was es heißt, auf das zu vertrauen und uns dem auszusetzen, *was auch immer* kommen mag – besonders dem Unerfreulichen und Ungewollten –, ist der Schlüssel, um für echte Dankbarkeit und Freude offen zu werden. Natürlich werden wir Fehler machen und die Übungspraxis verzerren; natürlich werden wir uns unserem Leben auf endlose Weisen widersetzen, aber allmählich werden wir, wenn wir beharrlich bleiben, auch beginnen zu lernen. Wir können nicht einfach damit aufhören, das Leben zu verwirren, zu verzerren und ihm Widerstand zu leisten, aber wir können lernen zu sehen, was wir tun. Es ist dieses Sehen, das uns allmählich erlaubt, uns direkt der bewussten körperlichen Erfahrung auszusetzen, die wir Leiden nennen. Nur dann können wir verstehen, dass das, was wir Freude nennen, schlicht die Bereitwilligkeit ist, sich auf das einzulassen, was ist – und dazu gehört unter anderem und insbesondere auch das Leiden, das wir alle nicht haben wollen.

22

Das Astloch

Vor einigen Jahren hörte ich von einem älteren Mann, den man als Jugendlichen für eine bestimmte Zeit in ein geschlossenes Heim für jugendliche Straftäter in Nordkalifornien gesteckt hatte. Am stärksten hatten sich die Besuchstage in seine Erinnerung eingebrannt. Jeden Sonntag durften Freunde und Verwandte kommen, um die Jungen zu besuchen. Jeden Sonntag schaute er durch ein großes Astloch im Zaun, um zu sehen, wer kam, aber nie kam jemand für ihn. Wenn er auf diese Zeit in seinem Leben zurückblickte, war das Einzige, woran er sich erinnerte, die Traurigkeit, Verzweiflung und Einsamkeit, die er empfunden hatte, als er durch das Astloch geschaut hatte.

Als Erwachsener hatte er viele Probleme. Er wurde immer wieder straffällig und landete im Gefängnis. Aber in seinen mittleren Lebensjahren begann er, aus seinen Schwierigkeiten zu lernen und einen völlig neuen Kurs einzuschlagen. Als er älter war, fuhr er noch einmal in das Heim zurück, um sich die Erfahrungen, die er in der Jugend gemacht hatte, zu vergegenwärtigen. Als er dieses Mal den Hof betrat und durch das Loch im Zaun schaute, sah er die Hügellandschaft mit ihren sanft geschwungenen grünen Grasflächen und majestätischen alten Eichen. Er sah die Schönheit der Welt.

Wenn wir in unserem egozentrischen Traum gefangen

sind – dem Habenwollen, der Bedürftigkeit und zwanghaften Beschäftigung mit unserem »Selbst« –, kann diese Geschichte eine sehr gute Erinnerung daran sein, dass wir die Dinge so sehen, wie *wir* sind, nicht wie *sie* sind. Wir sehen sie durch unser eigenes Astloch im Zaun, unsere gefilterten Wahrnehmungen, getrübt von Gedanken und emotionalen Reaktionen, die wir für wahr halten. Doch wenn wir den Weg des authentischen Lebens gehen, beginnen wir die Wirklichkeit immer deutlicher zu sehen. Allmählich sehen wir die Dinge, wie sie wirklich sind, und zusammen mit dieser Klarheit entsteht oft eine tiefe Dankbarkeit.

Ein authentisches Leben zu führen erfordert, dass wir uns immer wieder die grundlegenden Fragen der Übungspraxis stellen: Was soll das alles? Worum geht es uns wirklich beim Üben? Arbeiten wir hauptsächlich, um unsere persönlichen Schwierigkeiten zu verringern – um bessere Beziehungen zu haben oder weniger verwirrt und ängstlich zu sein? Glauben wir, wir könnten uns zu einem besseren Menschen machen? Suchen wir einfach nur eine schöne und raffinierte Form der Therapie? Wir müssen diese Fragen ehrlich beantworten.

Dabei stellen wir fest, dass unsere Motivation oft komplex ist. Sie kommt selten nur aus einem einzigen Teil von uns. Unser Bestreben, zu einem authentischeren Leben zu erwachen, ist fast immer mit dem Wunsch gekoppelt, weniger Schwierigkeiten im Leben zu haben. Wenn wir diese Mehrdeutigkeit feststellen, reagieren wir zuweilen so, dass wir den einen Teil als gut und den anderen als schlecht bewerten. Doch wer kann sagen, was schlecht ist? Was ist daran so schlecht, wenn der Irrglaube, das Üben werde unsere persönlichen

Probleme lösen, uns bei der Stange hält? Wenn unsere Probleme trotzdem nicht verschwinden, sind wir vielleicht so enttäuscht, dass wir begreifen, dass der Übungsweg nicht das ist, was wir uns erhofft hatten. Vielleicht haben wir genug gelernt, um deutlicher sehen zu können, was wir mit unserem Leben machen. Vielleicht haben wir einen Erwartungsfilter weniger, wenn wir weiter üben. Möglicherweise werden wir dadurch, dass wir lernen, was die Übungspraxis nicht ist, lernen, was sie *ist*. Doch wenn wir letztlich die authentische Befriedigung finden wollen, nach der wir Ausschau halten, muss unsere Sicht von der Übungspraxis mehr einschließen als nur unser egozentrisches Verlangen nach einem problemfreien Leben.

Schauen wir uns das Ganze noch einmal aus einer anderen Perspektive an. Unlängst erfuhr ich, dass man in einer klaren Nacht maximal 2000 Sterne sehen kann. Aber die moderne Astronomie hat allein in unserer Milchstraße 400 Milliarden Sterne entdeckt! Das ist eine kaum vorstellbare Zahl. Der wirkliche Clou ist, dass unsere Milchstraße mit ihren 400 Milliarden Sternen nur eine unter 400 Milliarden anderen Milchstraßen ist. Ich kann um einige Milliarden daneben liegen, aber es ist dennoch eine ziemlich große Zahl. Mir fallen dazu die Worte von Humphrey Bogart am Ende von *Casablanca* ein: »Aber zur Erkenntnis, dass unsere Probleme in dieser verrückten Welt völlig ohne Belang sind, gehört nicht viel.«

Was hat das mit dem Üben zu tun? Sollten wir angesichts der unendlichen Größe des Universums unsere Probleme nicht etwas weniger ernst nehmen? Aber wie sieht es damit aus, dass wir uns um unsere Probleme kümmern müssen, dass wir unsere Emotionen bewusst wahrnehmen und in unserem Körper sein müssen? Machen die Entdeckungen der modernen Astronomie unsere Bemühungen sinnlos?

Einerseits sicher nicht. Wenn wir knietief in unserem privaten Schlamassel stecken, ist uns selten bewusst, dass wir überhaupt auf einem Planeten leben, geschweige denn einem unter Milliarden anderen. Wir können nur dort üben, wo wir stehen, und das bedeutet, dass der Punkt, an dem wir stehen, immer der beste Ort zum Üben ist. Das beinhaltet, mit dem in unserem Leben herrschenden Durcheinander zu üben – einem Leben, in dem wir uns so oft in unseren unglaublich begrenzten egozentrischen Traum verstricken. Wenn wir das, was im Augenblick gerade vorgeht, ausblenden und unser Üben auf den Versuch gründen, die unermessliche Größe und Weite zu erfahren, werden wir unter Umständen für viel Chaos im Leben sorgen, weil wir uns die heimlichen Gedanken und Pläne unserer Schattenwelt nicht anschauen. Wir *müssen* mit unseren trivialen Problemen arbeiten – unseren Schwierigkeiten, Dramen, unserer begrenzten Sicht. Und wir können diese Arbeit nur mithilfe des Körpers tun, den wir haben, weil er das einzige uns zur Verfügung stehende Instrument ist, um zu empfinden, zu fühlen und bewusst wahrzunehmen.

Gleichwohl ist es andererseits ungemein wichtig, uns ab und zu das große Bild vor Augen zu führen, und sei es nur, um uns an das zu erinnern, was wir so leicht vergessen. Das Einheitsbewusstsein, unsere grundlegende Verbundenheit, die Erleuchtung – wie auch immer wir es nennen wollen – ist nicht ein »Ding«, das wir besitzen oder nicht besitzen. Es ist nicht notwendig, sich mit 400 Milliarden Milchstraßen zu verbinden, um unsere eigenen Grenzen zu überwinden. Wir können unsere Fähigkeit zu einem erweiterten Bewusstsein im Kleinen kennen lernen – wenn wir einen Vogel singen hören, einen kühlen Luftzug an einem warmen Tag erleben, in die Augen eines Neugeborenen schauen, den Schmerz eines anderen Wesens teilen. Jedes Ereignis in unserem Alltag bietet uns die Chance, uns mit der unermesslichen Größe des Seins zu verbinden.

Humphrey Bogart hat etwas sehr Wichtiges gesagt. Wenn wir vergessen, wie klein unser Drama ist, neigen wir dazu, uns in einer engen Sicht des Übens zu verlieren – wir versuchen, uns zu ändern, etwas zu bekommen und etwas zu tun. Das Üben auf dieser Ebene nimmt oft eine allzu große Verbissenheit an. Es geht nicht darum, unser Leiden zu ignorieren – die Enttäuschung ist immer noch unsere beste Lehrmeisterin. Aber wir brauchen uns in unserem Leiden nicht zu verlieren. Mit dem Leiden zu arbeiten, ist nicht die einzige Möglichkeit, aufzuwachen; das Leben ist zu kurz, als dass wir vor anderen Möglichkeiten die Tür verschließen sollten. Wenn wir glauben, dass wir die Tür nicht wirklich öffnen können, bis wir mit all dem gearbeitet haben, was im Weg steht, vergessen wir, dass wir den Weg freiräumen werden, bis wir sterben.

Wenn wir feststellen, dass wir uns in unserem persönlichen Drama verlieren, dass wir verbissen weiter üben oder uns von einer nüchternen Betrachtung der Dinge herunterziehen lassen, könnte es uns gut tun, uns an Humphrey Bogarts Worte zu erinnern. Dass unsere kleinen Dramen völlig ohne Belang sind, ist nicht die Stimme des Zynismus, sondern der wachsenden Unbeschwertheit. Sie erinnert uns daran, dass das Einzige, dessen es bedarf, um den Sonnenschein, die frische Luft oder *all das* wertzuschätzen, was direkt vor unseren Augen liegt, die Bereitwilligkeit ist, die Härte unseres urteilenden Geistes aufzugeben. Wenn uns das gelingt, werden wir aus einem umfassenderen und gütigeren Bewusstsein heraus offen für den Augenblick.

Natürlich können wir uns auch in der Suche nach besonderen Geisteszuständen oder dem Versuch verlieren, eine große Erfahrung zu machen, die unser Leben magisch verwandelt. Aber dieses ungeduldige Greifen nach der »Erleuchtung« ist etwas völlig anderes, als einfach nur offen zu sein. Einfach offen zu sein ist das fortgesetzte sanfte Bemühen, schlicht hier zu sein, das immer beinhaltet, dass wir den Raum des Bewusstseins erweitern, um mehr als unsere enge Welt der egozentrischen Wahrnehmungen mit einzubeziehen. Wenn der Raum sich erweitert, wird auch das Gefühl der Weite und Dankbarkeit sowie der Herzensverbundenheit größer, die das Wesen unseres Seins ausmacht. Die Essenz jedes Augenblicks zu schmecken lehrt uns, dass wir tatsächlich dieser Körper *sind*, aber gleichzeitig sind wir weitaus mehr. Und die Essenz des Augenblicks ist genauso verfügbar, wenn wir einen Gartenschlauch reparieren, eine belebte Straße in der Innenstadt entlanggehen, an den Sternenhimmel schauen oder eine Woche lang meditieren.

In gewisser Weise werden wir gut in dem, was wir üben, und wir haben unser Leben lang geübt, ein großes Drama aus unseren kleinen Sorgen machen. Jetzt haben wir die Chance, etwas anderes zu üben: Wir arbeiten weiter mit dem Drama, wenn es nötig ist, aber wir verlieren uns nicht einfach nur in diesem Aspekt der Übungspraxis. Stattdessen können wir eine Neugier auf das Unbekannte entwickeln, wir können offen dafür bleiben, die unermessliche Weite zu schmecken und das größere Bild nicht aus den Augen zu verlieren. Worin besteht das größere Bild? Es besteht darin, ohne den Filter unserer konditionierten Urteile durch das Astloch im Zaun zu schauen und imstande zu sein, das zu sehen, was da ist – das Wunder der Welt.

Beim Zen ist die Rede von einem Vöglein, das uns auf der Schulter sitzt und fragt: »Ist heute der Tag, an dem du stirbst?« Es ist kein griesgrämiger Vogel, und er stellt die Frage auch nicht auf dramatische Weise. Ganz zart weist er uns darauf hin, dass das authentische Leben damit zu tun hat, zu *leben*. Er erinnert uns daran, in unserem Üben und Leben sanft zu sein. In solchen Augenblicken kann die offene Weite des Seins ganz natürlich durch diesen konditionierten Körper fließen, ohne von der Härte unseres unablässig urteilenden Geistes behindert zu werden. Dieser Vogel gibt uns eine Botschaft, die wir wieder und wieder hören müssen: »Die Zeit eilt schnell dahin. Halte nichts zurück. Würdige dieses wunderbare Leben.«

Danksagung

Dieses Buch ist eine Fortsetzung meines ersten Buches *Zen sein – Zen leben.* In gewisser Weise bilden sie eine Einheit; zusammen legen sie eine Methode dar, die uns helfen kann, aus dem egozentrischen Traum zu erwachen, in dem wir alle leben.

Ich möchte denselben Menschen danken wie in meinem ersten Buch – insbesondere meiner Lehrerin Joko Beck für ihre Klarheit und Präzision sowie Stephen Levine und Pema Chödrön für den Nachdruck, den sie darauf legen, das Herz ins Üben mit einzubeziehen.

Weiterhin geht mein Dank an Carolyn Miller für das erste Abtippen und Korrigieren des Manuskripts und an meine Tochter Jenessa, die es gründlich überarbeitet hat. Die letzte Fassung besorgte Emily Hilburn Sell, die es außerordentlich gut verstanden hat, meine Gedanken in ihre endgültige Form zu bringen.

Und zu guter Letzt möchte ich wie immer meiner Frau, Freundin und Lehrerin Elizabeth Hamilton danken, nicht nur für ihren Enthusiasmus und ihren scharfen Intellekt, sondern auch für ihre unerschütterliche Zuversichtlichkeit und die Rückhaltlosigkeit, mit der sie mich unterstützt hat.